나에게 돈이란 무엇일까?

나에게 돈이란 무엇일까?

제1판 제1쇄 발행일 2012년 3월 24일
제1판 제17쇄 발행일 2024년 5월 1일

기획 | 길담서원
글 | 이시백, 제윤경, 박성준, 박권일, 강신주, 송승훈
편집 | 책도둑(김민호, 박정훈, 박정식)
본문 디자인 | 김효중
펴낸이 | 김은지
펴낸곳 | 철수와영희
등록번호 | 제319-2005-42호
주소 | 서울시 마포구 월드컵로 65, 302호(망원동, 양경회관)
전화 | (02)332-0815
팩스 | (02)6003-1958
전자우편 | chulsu815@hanmail.net

ISBN 978-89-93463-24-8 43300

철수와영희 출판사는 '어린이' 철수와 영희, '어른' 철수와 영희에게 도움 되는
책을 펴내기 위해 노력합니다.

나에게 돈이란 무엇일까?

이시백 | 제윤경 | 박성준 | 박권일 | 강신주 | 송승훈

철수와영희

우리는 돈의 주인으로 살 수 있습니다

　3년 전 어느 날, 길을 잃고 지치고 목이 말라 쓰러질 것 같은 한 길손이 스스로 마실 물을 얻으려고 작은 샘을 팠습니다. 책과 차와 음악과 우정이 있는 문화 놀이터, 길. 담. 서. 원.

　"이곳을 찾는 이는 누구나 주인입니다"는 길담서원 친구들이 즐겨 쓰는 말입니다. 지난 4년간 이곳에서 생겨난 여러 모임들의 중심에는 우연히 왔다가 길담서원의 주인이 된 사람들이 있습니다. '책여세'(책 읽기 모임), '책마음샘'(음악 모임), '콩글리시'(영어원서강독 모임), '끄세쥬'(프랑스어문반), '청소년인문학교실', Weltreise(독일어문반), '어른들을 위한 인문학교실', '한뼘미술관', '경제공부모임', '철학공방' 등 다채로운 모임들이 길담서원 안에 둥지를 틀었습니다.

　우리 겨레의 서원 書院 전통을 이어받아 21세기에 걸맞은 현대적 서원으로 발전시키고 싶다는 길담서원의 꿈은 손에 잡힐 듯 현실이 되어 가고 있습니다. 그 가운데서도 가장 반갑고 마음 설레는 움직임은 '청소년인문학교실'입니다. 길담서원이라는 샘터에 삶에 지친 길손들이 찾아들 것은 예상했지만, 청소년들이 이 공간을 찾아와 푸른 에너지를 채워 줄 것이라고는 상상하지 못했습니다.

"우리 아이들을 위한 인문학 공부 모임도 있었으면 좋겠어요."

중2 청소년을 둔 어머니의 이 한마디가 씨앗이 되었습니다. 씨앗은 싹이 터서 학부모와 교사와 교육에 관심 있는 사람들이 모여 '청소년인문학교실' 준비 모임을 했습니다. 몇 차례의 준비 모임과 두 번의 시범 교실을 거쳐 2009년 1월부터 아래와 같은 생각을 기본으로 '길담서원 청소년인문학교실'을 열고 있습니다.

_청소년은 수동적 존재가 아닌 주체이다. 청소년인문학교실 기획 모임에는 청소년이 어른과 대등하게 참여한다. 수업의 30퍼센트정도는 청소년의 발언 시간으로 할애한다.

_강의는 연구와 실천을 겸비한 전문가에게 의뢰한다. 비판적 분석과 대안 있는 해법이 조화를 이루게 한다. 현직 교사도 강사로 모셔서 학교 현장과 소통하는 교실이 되도록 한다.

_주제를 예술적으로 구현한 문학 작품과 철학적으로 접근하는 강의를 반드시 포함시켜 청소년기의 맑고 따뜻한 감성을 보듬고 논리적이고 이성적인 사유 능력을 기르도록 한다.

_주제와 관련하여 1박 2일 답사 프로그램을 진행한다. 자유분방한 프로그램 속에서 또래들과 친해지며 도심에서 자란 청소년들이 자연과 벗하는 기회를 갖는다.

_경제 형편이 어려운 가정의 청소년도 참여할 수 있도록 최대한 비용을 줄여 참가비를 낮추고 장학 제도와 같은 숨구멍을 터놓도록 한다.

길담서원 청소년인문학교실은 그동안 길, 일, 돈, 몸, 밥, 집, 품에 대해 진행했습니다. 앞으로 힘, 땅, 불, 물, 똥, 꿈, 숨, 말, 눈, 앎, 삶 등등 수많은 주제가 차례를 기다리고 있습니다. 한 글자 인문학교실이 끝나면 사랑, 평화, 철학, 역사, 인간, 종교, 공부 등 두 글자 주제로, 세 글자 주제로 뻗어나갈 것입니다.

이번에는 '돈'을 주제로 이시백, 김진숙, 제윤경, 박성준, 박권일, 강신주, 송승훈 선생님께서 강의해 주셨습니다. 그러나 책에는 김진숙 선생님의 강의는 싣지 못했습니다. 선생님은 청소년인문학교실에서 강의한 후 한진중공업 크레인 CT85호로 올라가서 정리해고된 비정규직 노동자들의 복직을 위한 투쟁을 하였습니다. 최근 내려오셨지만 상황이 여의치 않아 다음에 말씀드려 볼 예정입니다.

여러분이 이 세상에서 제일 갖고 싶은 것이 무엇인가요? 돈이라고요? 그렇게 대답하는 것도 무리는 아닙니다. 우리가 사는 사회에서는 돈이 없으면 하고 싶은 일을 대부분 할 수 없으니까요. 돈이 이처럼 중요한 것이라면 우리는 이 돈에 대해서 좀 알아야 하지 않을까요? 지금까지 돈이 무엇인지 생각해 보지 못하고 살아왔다면, 바로 지금 잠시 멈추어 서서 물어야 하겠습니다. '나에게 돈이란 무엇일까?'라고.

지금은 우리가 돈이 지배하는 사회에서 돈에 휘둘리며 살고 있지만 돈은 본래 인간이 만든 도구이고 제도일 뿐입니다. 우리는 돈(=화폐)의 본질이 무엇인지, 돈의 작동 원리가 무엇인지, 인간이 왜, 어떻게 돈의 지배를 받게 되었는지, 인간의 몸과 마음이 돈 때문에 어떻게 병들고 타락하는지, 이러한 것을 알아야 합니다.

살아가기 위해 내게 필요한 돈은 얼마 만큼일까요? 만족은 욕망의 크기에 반비례한다고 합니다. 그러니까 욕망의 크기를 조절하면 행복은 더 커질 수 있습니다. 돈의 액수가 행복의 기준은 아니니까요. 남의 행복 기준에 나를 맞추려 할 것이 아니라 내 행복의 잣대를 스스로 세우는 일이 중요합니다.

　다음으로 중요한 것은 필요한 돈을 버는 방법입니다. 내가 좋아하는 일, 하고 싶은 일을 하면서 돈을 벌지 못하고 돈을 벌기 위해 하기 싫은 일을 평생 해야 한다면 나는 얼마나 불행할까요. 그러므로 우리는 돈 버는 방법에 대해서도 숙고해야 합니다. 전쟁으로 돈을 버는 사람들, 환경을 파괴하는 기업들, 최근 일본 후쿠시마 핵발전소 사고에서 보듯이 인간에게 처참한 재앙이 되는 돈벌이 방식, 이런 것들은 더 이상 용납되어서는 안 되겠지요. 돈과 인간, 어느 쪽이 더 소중할까요? 단연코 인간이지요. 그런데도 사람이 돈 때문에 겪는 고통과 비극은 너무나도 참혹합니다. 나와 우리를 행복하게 하는 돈벌이 방법을 찾는 노력은 그래서 대단히 중요합니다.

　또 우리가 생각해야 할 것은 인간이 돈의 주인이 되어야 한다는 것입니다. 인간은 환경의 지배를 받습니다. 동시에 인간은 그 환경을 바꿔 놓을 수 있습니다. 인간은 사회제도나 구조의 제약 아래 놓여 있으며 그 영향을 받지 않을 수 없습니다. 그러나 인간은 바로 그 제도나 구조를 변화시키고 새로운 제도와 구조를 만들 수 있는 창조적 존재입니다. 돈이라는 제도에 대해서도 같은 이야기를 할 수 있습니다. 우리는 돈의 지배를 받습니다. 돈 때문에 우리는 행복하게도 비참하게도 됩니다. 바로 그 돈을 우리가 바꿔 새로운 돈(=화폐제도)을 만들 수 있다는 것입니다.

돈으로부터 인간을 지키기 위해 우리는 행동할 줄 알아야 합니다. 실비오 게젤이라는 경제학자가 '노화하는 돈'이라는 새로운 화폐제도를 생각해 냈던 것처럼 말입니다. 이 새로운 돈은 쓰지 않고 쌓아 두면 가치가 점점 줄어들어서 나중에는 아무 쓸모없이 되는 돈입니다. 그러한 화폐제도 아래 사는 사람들은 활발히 돈을 쓰고 유통시켜 경제를 살려냅니다. ('노화하는 돈'에 대한 자세한 이야기는 3강 '잃어버린 시간을 되찾는 길'에서 읽으십시오.)

이와 같이, 돈이라는 도구와 제도를 인간을 위한 것으로 되돌려 놓아야 합니다. 그래야 우리는 돈의 노예가 아닌 주인으로 살 수 있습니다. 돈의 비극을 극복하고 돈이 인간을 위한 참되고 아름다운 도구가 되는 길을 찾아 나설 수 있는 용기를 이 책으로부터 배울 수 있기를 바랍니다.

2012년 3월

길담서원 서원지기 박성준, 이재성

길담서원 청소년인문학교실 '돈'과 함께한 청소년들

강은진, 김민경, 김민교, 김예솔, 김예진, 김진오, 김찬민, 김태성, 박건형, 박성주, 박소영, 박채은, 서다인, 서정화, 송주은, 신규원, 엄지, 유수정, 이명진, 이솔, 이슬기, 이제영, 이지민, 이하영, 이현범, 이혜란, 임채원, 장혜원, 채보람, 최은선, 황도연, 황보연

차례

돈은 종교적 가치를 갖는다
우리는 민주주의 사회에서 살고 있나?
'나'라는 상품
'회사형 인간'이 되는 이유
사람과 사람 사이에 놓인 장벽—돈
돈 때문에 상처받지 않을 권리
희망은 그 너머를 꿈꾸는 일

1강

돈 내면 지각해도 되나요?

이시백 | 소설가

돈이면 무엇이든지 다 할 수 있다고 믿는 사회는
대단히 불행한 사회입니다.
그러나 지금 우리는 그렇게 생각하고 있습니다.
여러분은 아닙니까?
유감스럽게도 현실이 그렇습니다.
가난하지만 정의로운 사람보다는
불의를 저지르더라도 부자가
더 좋다라고 생각하는 사람들이 우리 사회에 아주 많습니다.

이시백

이야기에 홀려 중앙대 문예창작학과에서 소설을 공부했습니다. 『동양문학』 소설 부문 신인상으로 등단했습니다. 스물네 해 남짓 중·고등학교에서 국어를 가르치다가 몇 해 전에 그만두고 지금은 경기도 남양주시 수동면 광대울에서 농사를 지으며 소설을 쓰고 있습니다.

돈 내면 지각해도 되나요?

안녕하십니까, 강연을 맡게 된 이시백입니다. 오늘 강연 주제가 '돈'이지요? 저는 이와 관련하여 '머리 이야기'를 먼저 꺼내 볼까 합니다.

제 머리카락 보이시죠? 주위에서 파마했느냐고 물어볼 정도로 곱슬머리입니다. 머리 스타일은 그 사람의 첫인상을 좌우하기도 해서 개성을 드러내는 방법이 되기도 하지요. 그런데 저는 학창 시절 머리 때문에 고통을 많이 겪었어요.

사회를 통제하는 방식의 변화

지금도 학생들의 머리를 짧게 제한하는 학교가 있지만, 70년대처럼 교문 앞에서 선생님들이 '바리캉'을 들고 머리 긴 학생들한테 이른바 '고속도로'라는 걸 내는 일은 드물 거로 생각합니다. '바리캉'으로 머리 가운데를 고속도로처럼 쭉 미는 거예요. 그 당시는 경부 고속도로가 완공된 시기라 선생님들이 그걸 '고속도로 낸다'며 아주 즐거워했지요. 선생님들끼리 서로 하겠다고 다투기까지 하더라고요.

반면에 당하는 심정은 정말 죽고 싶을 정도였지요. 어쩌면 그래서 더 기르고 싶었는지도 몰라요.

당시 다른 학생들은 진로나 입시 문제처럼 멋진 걸 고민했지만 저는 '어떻게 하면 머리를 기를 수 있나' 하는 생각에 푹 빠져 있었습니다. 그래서 고등학교 졸업식도 안 갔어요. 왜냐하면 선생님들이 졸업식에 온 친구들에게 추억을 만들어 준다며, 그동안 애지중지 길러 온 머리 한복판에 '고속도로'를 냈거든요. 그래서 졸업식에 참석한 친구가 제 대신 졸업장을 받아 왔습니다.

그 후 저는 고등학교를 졸업하고 성인이 되면 마음대로 머리를 기를 수 있을 줄 알았습니다. 그런데 이게 웬일입니까. 거리에서는 경찰들이 길목을 지키고 있다가 장발인 사람이 보이면 가위로 그 자리에서 머리를 잘라 버렸어요. 상상하기 어려운 일이겠지만, 당시에는 실제로 그랬습니다. 경찰관들이 한 손에는 가위를 다른 한 손에는 자를 들고 있었어요. 자는 뭐할 때 쓰려고 들고 있었을까요? 네, 바로 미니스커트 길이를 재려고요. 미니스커트가 단속 규정보다 짧은 사람은 경찰서로 끌려갔습니다. 모든 국민이 머리카락은 물론이고 치마 길이까지 통제받던 시절이었죠.

이처럼 군인들이 폭력으로 권력을 잡았던 제 학창시절에는 사회 곳곳에서 폭력이 난무했습니다. 그런데 그런 권력들이 물러나면서 사회를 통제하는 방식도 많이 달라지더군요.

요즘은 선생님들 가운데 학생들에게 체벌 대신에 벌금을 물리는 분도 있다고 합니다. 머리 길면 얼마, 공부 시간에 떠들면 얼마, 지각하면 얼마, 이런 식으로요. 학생들이 체벌보다 이렇게 벌금 무는 걸 더 무서워한다고도 합니다. '폭력'의 자리를 '돈'이 대신한 거죠.

과연 이런 방법이 올바른 것인가에 대해서는 한 번쯤 생각해 볼 문제입니다. 돈으로 학생들을 통제하고 지도하는 학교, 돈을 가장 무서워하는 학생, 이런 것들이 과연 바람직한 것일까요.

돈의 영향을 받아서는 안 되는 것

물론 아닐 겁니다. 그러면 한번 구체적으로 생각을 해 볼까요? 돈의 영향을 받아서는 안 되는 게 뭐가 있을까요? 돈이면 뭐든지 된다고 생각하는 우리 대한민국에서 그래도 이것만은 안 되겠다, 돈이 암만 있어도 안 된다……. 어떤 게 있을까요? (청소년 : "우정, 꿈…….") 우정이란 답을 들으니 생각나는 이야기가 있습니다.

상계동 지역 학교 선생님께 들었는데, 거기는 어린아이들이 친구를 아파트 동별로 사귄다고 합니다. '민영 아파트' 아이들은 '민영 아파트' 아이들끼리 '시영 아파트'에 사는 아이들은 '시영'끼리, 그렇게요. 실제로 그곳 어른들은 "너, 왜 시영 애하고 놀아?" 이런 식으로 야단을 치나 봐요. 이런 분위기라면 우정도 결국 돈의 영향을 받는다고 할 수 있지 않겠어요?

함께 피자를 먹는데 하루는 돈 많은 친구가 피자 값을 냅니다. 그렇게 한 세 번 만나서 식사비를 내면, 나중에는 돈 많은 친구가 그러잖아요. 넌, 얌체처럼 얻어먹기만 하느냐 하고 말이에요. 농담이라도 신경이 쓰일 거에요. 그러면서 자꾸 멀어지게 되죠.

이럴 경우 누가 문제죠? 두 사람의 우정은 금세 돈 앞에서 초라해집니다. 물론 그런 것들과 상관없이 오랜 시간 우정을 쌓아 가는 좋은 친구들은 있을 겁니다.

또 돈의 영향을 받지 말아야 할 것에 뭐가 있을까요? (청소년 : "가족!") 가족도 그렇죠. 돈과 무관해 보입니다. 하지만, 극단적인 예를 보면, 친부모라 하더라도 돈 앞에서 약해지는 경우가 있어요. 천안함 사태와 관련해 다음과 같은 뉴스 보도도 있었잖아요. 보상금이 나오자 아이를 버리고 도망갔던 부모가 홀연히 나타나 보상금을 받아 갔다……. 특별한 경우지만, 안타깝게도 가족조차 돈 앞에서 흔들리는 게 현실입니다.

(청소년 : "사람의 몸, 정신!") 사람의 몸, 생명 같은 것도 생각해 볼 만합니다. 양석일이라는 소설가가 있습니다. 재일 교포 작가인데 『어둠의 아이들』이라는 작품을 썼어요. 내용이 굉장히 충격적입니다.

태국의 아동 매춘과 성 학대를 고발한 작품인데 거기에 보면 못사는 집 아이들을 거래합니다. 미얀마나 라오스 같은 주변 국가에서 아이들이 태국으로 팔려 와요. 부모들이 가난을 견디지 못하고 자식들을 파는 거에요. 나쁜 어른들이 그 아이들을 데려다가 외국인을 상대로 매춘을 시킵니다. 그러다가 아이들이 병들면 장기를 빼서 팔기도 합니다. 사람 몸을 돈으로 거래하는 거예요. 그런데 그런 거래의 주된 고객이 누군지 아세요? 일본 사람입니다. 멀리 일본에서 돈을 주고 어린아이들의 몸을 사서 제 자식의 병을 고치는 거예요. 참혹한 현실입니다.

작가는 말합니다. 돈 때문에 자기 자식을 팔고, 돈 때문에 멀쩡한 사람의 장기를 빼다가 파는 이런 사회가 지금 현대다, 이렇게 말이죠. 극단적인 얘기였지만, 돈으로 사서는 안 되는 것들을 돈으로 살 수 있다고 생각하는 사회는 참혹할뿐더러 희망이 없습니다. 절망적이죠.

지구가 망해도 부자들은 살아남을 수 있다고들 하죠? 그만큼 과학 기술이 발전했기 때문이랍니다. 지금은 우주 탐사를 상업적인 프로그램으로 개발하고 있어요. 돈이 많으면 우주여행도 할 수 있는 세상이니 조만간 아예 우주로 이민을 갈 수 있는 날도 오겠죠. 지구가 위기에 처했을 때 부자들이 우주선을 타고 피난길에 오른다는 SF 영화도 있었던 걸로 기억해요. 돈의 힘은 지구가 멸망해도 살아남습니다. 지금까지는 영화 속 이야기지만 앞으로는 현실이 될 거예요.

돈의 횡포로부터 지켜야 할 것

우정이나 가족, 생명처럼 제가 시장주의나 돈에 결코 정복당해서는 안 된다고 믿는 영역이 있습니다. 바로 교육과 농업입니다.

교육과 농업, 이것은 돈으로 따지면 안 돼요. 교육은 누군가의 미래이자 가능성 즉, 기회입니다. 그런데 여기에 빈부 차이가 끼어든다면, 가난은 대물림됩니다. 부자의 자식은 계속 부자가 되고 가난한 사람은 계속 가난해지는 거죠. 이건 결코 있어서는 안 되는 일입니다. 나 혼자 가난한 건 참을 수 있지만 내 아이마저 그럴 수밖에 없다면, 그걸 견딜 수 있는 사람이 몇이나 되겠어요.

오늘 당장 부모님께 여쭤 보세요. "엄마, 아빠는 이렇게 사는 데 만족해?" 그러면 거의 100퍼센트 이렇게 답해요. "할 수 없지 뭐. 만족하면서 살아야지." 그런데 질문을 바꿔서 "나도 엄마, 아빠처럼 가난하게 살아도 괜찮아?" 한다면, 부모님은 아마도 펄쩍 뛰실 것입니다. 그게 부모님 마음이에요.

예전에는 "개천에서 용 난다"고 했습니다. 가난한 집 아이들이 공부를 잘해서 좋은 대학에 가고 나중에 사회적 지위를 얻는 일이 종종 있었거든요. 하지만 이제 그런 말이 통하지 않는 사회가 되었습니다. 지금은 개천에서 지렁이만 나옵니다.

현재의 교육으로는 개천에서 용이 나올 수 없습니다. 통계적으로도 소득과 성적은 비례합니다. 잘사는 집 아이들이 좋은 대학 가게 되어 있는 겁니다. 돈 많은 사람들이 괜히 한 달에 수백만 원씩 주면서 족집게 과외를 시키는 거 아니에요. 그 사람들은 낭비하지 않아요. 효과가 있기 때문에 그러는 겁니다. 한 달에 수백만 원 들여 배운 학생과 그렇지 못한 학생의 성적이 같을 리 없습니다. 이미 시골 학생과 강남 학생이 동등한 조건에서 경쟁한다고 볼 수 없다는 거예요. 적어도 교육의 기회만큼은 평등해야 합니다. 똑같이 기회를 주고 나중에 능력 차이를 검증해야 하는 겁니다. 그런데 우리 교육은 그 출발점부터가 다른 겁니다.

물론 비싼 과외를 받아도 공부를 못하는 경우가 있을 겁니다. 그러면 어떻게 합니까? 외국으로 유학 보내잖아요. 유학 갔다 오면 좋은데 취직하고 교수 되고 하니까, 어려서부터 유학 보내려고 경쟁합니다. '우리 아이가 더 똑똑한데 부모가 뒷바라지 못해 줘서 밀리면 안 된다'고 생각하잖아요. 그래서 대한민국 엄마들은 파출부를 해서라도 유학을 보내려고 합니다. '기러기 아빠'라고 아시죠? 아빠들은 국내에 남아서 돈을 벌고 엄마들은 아이들과 함께 외국에 나가서 뒷바라지를 하기도 합니다.

이제 부자들만 갈 수 있었던 유학을 그렇지 못한 사람들도 기를 쓰고 갑니다. 잘사는 부자들 입장에서 보면 어때요? 기분 나쁘겠죠. 지겹게 또 따라오잖아요. 제가 볼 때는 조만간 대한민국에서 소위 잘나가는 부모들은 아이를 달나라로 유학 보내고 싶을지도 몰라요. '따라올 테면 따라와 봐.' 그런 광고도 있잖아요. 그들의 유학은 뭔가를 배우는 게 아니라, 누군가를 따돌리는 게 목적인 겁니다. 힘들게 공부로 경쟁하는 게 아니라 자신들에게 유리한 돈을 가지고 승부를 내겠다는 겁니다. 어쨌든 돈을 쓰면 차이가 나니까.

그런데 만약 수능 시험이 쉬우면 어떻게 됩니까. 차이가 안 나겠죠. 한 달에 200만 원 내면서 배운 사람이나, 집에서 혼자 EBS 보면서 공부한 애나 별 차이가 없어집니다. 그래서 수능 시험 난이도를 낮춘다고 했을 때 가장 먼저, 강력하게 반발한 게 어디예요? 부잣집 엄마들하고 일류 대학들이었습니다. 돈을 얼마나 들였는데, 한 달에 수백만 원 들인 내 아이랑 집에서 혼자 공부한 애가 같이 서울대 간다는 사실을 못 견디는 거예요. 그래서 수능을 어렵게 하자는 목소리가 나오는 겁니다.

그것만으로는 부족하니까, 과외 안 하고는 따라오지 못하는 게 뭐가 있나 생각합니다. 보니까 논술이라는 게 있습니다. 그런데 논술로 했더니 글쓰기를 잘하는 애들이 있어요. 집에서 혼자 책 읽고 인문학 배우고 해서 연습을 한 겁니다. 그래서 통합 논술, 이런 걸 만들었잖아요. 돈 안 들이면 따라올 수 없는 것들로 계속 난이도를 높이는 거예요. 1등부터 수십만 등까지 줄을 세우겠다는 의지입니다. 줄을 세우되 돈 가진 사람이 유리한 방향으로.

그런 입시 정책을 계속 강요하면 어떤 문제가 생기겠어요? 아까 말한 가난의 대물림이 제도화됩니다. 한 세대가 땅 투기하고, 부정한 방법으로 부를 누려서 사는 것도 모순이지만, 그 자식들까지 대를 이어서 상류층으로 산다는 건 또 다른 의미에서의 신분 세습입니다.

우리가 북쪽에다만 '대를 이어서 세습'을 한다고 욕하는데, 이 사회도 어떤 면에서는 크게 다르지 않습니다. 서민들이 머슴으로 전락하고 돈 가진 사람들만 양반처럼 떵떵거리며 사는 사회라면, 이건 무늬만 민주주의 사회인 겁니다. 조선 시대가 따로 없지요. 그렇게 되면 저항이 만만치 않을 겁니다.

그럼 농업에 대해 이야기해 볼까요. 오늘날 우리나라에서 농업은 사양 산업 취급을 받고 있습니다. 현실적으로도 농사는 밑지는 장사입니다. 지으면 지을수록 어려워져요. 예를 들자면, 우리나라에서 농민들이 1년 내내 열심히 농사지어서 받는 돈이 쌀 한 가마니당 20만 원이에요. 이에 비해 앞으로 수입될 미국 쌀의 예상 가격은 10만 원이 채 안 됩니다. 여러분이라면 마트에 두 개의 쌀이 동시에 진열되어 있을 때 어느 쌀을 사 먹겠습니까? 처음엔 애국심 때문에 미국 쌀에 선뜻 손이 가지 않을 수도 있습니다. 하지만 그 정도의 가격 차이라면, 미국 쌀이 시장을 장악하는 건 시간문제일 겁니다.

FTA 등 자유 무역주의가 확산되면 한국의 농업은 갈수록 어려워질 겁니다. 수입 자유화를 주장하는 사람들은 벼농사 짓고 소 키울 힘으로 자동차 열심히 만들자, 자동차 팔아서 번 돈으로 다른 나라에서 곡물을 사 먹자고 이야기합니다. 과거 일본의 논리를 그대로 받아들인 겁니다.

우리나라의 식량 자급률은 OECD 국가 중 최하위 수준입니다. 식량 자급률은 51.4퍼센트이며 곡물 자급률은 26.7퍼센트입니다.(2009년 기준) 게다가 미국, 중국, 브라질에 대한 곡물 수입 의존도가 82.7퍼센트입니다. 웬만큼 사는 나라 중에서 자급률이 이 정도밖에 안 되는 나라는 드뭅니다.

유럽과 북미의 선진국들의 식량 자급률은 대부분 100퍼센트 이상입니다. 곡물 자급률의 경우에도 공업국인 슬로바키아(133퍼센트), 체코(130퍼센트), 스웨덴(127퍼센트), 독일(105퍼센트)도 100퍼센트가 넘습니다.

곡물 중 밀을 보면 문제는 더욱 심각해집니다. 우리나라의 밀 자급률은 0.4퍼센트입니다. 놀랍지 않습니까? 우리가 먹는 밀가루 음식의 99.6퍼센트가 외국에서 재배된 밀로 만들어진다는 사실이.

"농사? 필요 없어. 대신 자동차 팔고, 반도체 팔고, 컴퓨터 팔아서 번 돈으로 사 먹으면 돼!" 그렇게 생각해 온 결과죠. 하지만 실제로 문제가 발생하고 있습니다. 이상 기후 때문에 농사가 안 될 때 중국이 어떻게 했나요? 자기네 나라 식량을 외국에 파는 걸 중단시켰어요. 그래서 밀가루 값이 한동안 올라갔어요.

이상 기후는 앞으로도 자주 세계의 식량 공급에 영향을 미칠 겁니다. 잘되면 상관없지만, 농사가 잘 안 되면, 우선 자기네 국민부터 먹여야 하니까 돈을 많이 준대도 팔지 않을 수 있어요. 그럼 어떻게 됩니까? 식량 자급률이 50퍼센트밖에 안 되는 나라가 식량을 수입할 수 없게 되면, 나머지 50퍼센트가 굶게 됩니다. 이런 위험한 나라에 우리가 살고 있는 겁니다.

자동차나 반도체를 먹을 수 있나요? 돈보다 우선하는 게 식량입니다. 자동차를 좀 덜 팔더라도 농업을 지켜야 하는 이유입니다. 생존과 직결되는 식량을 지키지 못하는 상태에서 제아무리 돈이 많다고 한들 무슨 소용이 있겠습니까.

식량을 언제든 돈 주고 사 먹을 수 있는 것으로, 농업을 단순히 산업으로만 생각해서는 안 됩니다. 그러면 머지않아 불행해집니다.

이처럼 교육과 농업같이 단순하게 돈으로만 따져서는 안 되는 분야가 있는 겁니다.

하지만 돈은 현실에서 위력적입니다. 누가 뭐라고 해도 돈이 많기를 바라는 건 사실이잖아요. 하지만 돈이라는 것이 인류 역사에서 지금처럼 중요한 것이었는가를 돌아보면 꼭 그런 건 아니었습니다. 돈의 위력이 커지기 시작한 건 꽤 오래전이지만, 지금처럼 인간의 삶을 결정할 만큼은 아니었습니다. 그럼, 언제부터 이렇게 됐는가에 대해 우리 한번 생각해 볼까요.

돈이 절대 권력을 차지하기까지

돈이 역사의 전면에 나선 몇 가지 상징적인 사건들이 있습니다. 먼저, 실크로드라는 게 있습니다. 자동차도 없고 기차도 없던 시절에 아랍의 상인들은 비단 교역을 위해 낙타를 타고 사막을 건너 유럽에서 중국까지 이동했습니다. 이들이 왜 그렇게까지 했을까요? 여러 가지 이유가 있었겠습니다만, 그들을 움직인 가장 큰 동력은 바로 돈이었습니다. 즉, 부를 쌓기 위한 행위가 역사적으로 커다란 변화를 불러왔던 것입니다.

또 하나가 있습니다. 십자군 전쟁. 보통 알고 있기에는 종교적 갈등 때문에 일어났다고 하지만, 사실 이 전쟁은 무역로를 개척하기 위한 측면도 있었습니다. 실제 전쟁에 자금을 댄 계층이 바로 상인이었다는 점이 이를 뒷받침합니다.

이번엔 프랑스 대혁명을 볼까요? 여러분 프랑스 대혁명이 왜 일어났습니까? 먹을 게 없어서요? 당시 봉기한 많은 사람이 "우리에게 빵을 달라, 빵이 아니면 죽음을 달라." 이렇게 외쳤으니 그렇게 이해할 수도 있습니다. 하지만 좀 더 자세히 들여다보면 다음과 같은 사실을 알게 됩니다.

당시 프랑스 사회의 지배 계급은 왕과 귀족이었습니다. 나머지 계급은 모두 생산에 종사하는 사람들이었죠, 농노나 평민처럼. 그런데 조금씩 이런 계급 구조에 변화가 생깁니다. 새로운 계급이 생겨난 거예요. 바로 장사꾼들 즉, 상인 계급이 생긴 겁니다. 그들이 조금씩 부를 축적해 나가다 보니까 점점 힘이 커집니다. 그러자 지배 계급이던 왕과 귀족들이 상인들에게 세금을 부과하게 됩니다. 여기에 반발한 상인 계급이 다른 생산 계급들을 선동하여 폭발한 것이 프랑스 대혁명이라는 주장이 있습니다.

프랑스 대혁명은 근대 민주주의의 시발점이 됐습니다. 권력을 독점하던 왕과 귀족 계급을 몰아내고, 다수 대중이 권력을 나눠 갖는 민주주의의 틀을 만들게 됩니다. 이러한 프랑스 대혁명의 출발점이 결국은 세금이었다고 본다면, 이 사건도 돈이 역사를 움직인 하나의 사례가 될 수 있겠습니다.

돈은 오래전부터 여러 가지 형태로 인류의 삶에 영향을 끼쳤습니다. 물론, 아까도 말씀드렸지만 지금처럼 노골적으로 돈이면 무엇이든 다 할 수 있다고 믿고, 모든 사람이 돈을 숭앙하는 분위기는 아니었지요. 예컨대 예전 선비들은 돈 많은 걸 오히려 부끄러워하던 풍조가 있었죠. 선비의 덕목 중 하나로 청빈함이라는 게 있었습니다. 설령 돈을 많이 가지고 있더라도 그것을 공공연하게 드러내고 과시하지 못했어요. 사회 분위기가 그랬습니다. 그런데 지금은 돈 많은 걸 부끄러워하는 사람이 별로 없어요. 오히려 노골적으로 자랑하는 경우가 많죠. 가끔 정치하는 분들이 청문회 할 때만 약간 부끄러워하는 척하더군요.

적어도 우리나라에서 돈이 이처럼 강력한 권력을 갖게 된 건 비교적 최근인 것 같습니다. 왜냐하면 제 어린 시절을 돌아봐도 방학 때 시골에 내려가면 돈 구경을 못했으니까요. 게다가 동네에 가게도 없었어요. 물건을 살 수가 없으니까 돈을 쓸 수도 없었어요. 어쩌다 이발이라도 하러 가면 보리쌀을 가지고 갔어요. 머리 한 번 깎는 데 보리쌀 닷 되, 이런 식이었죠. 시장에 가서 고등어자반을 사야겠다, 그러면 할머니가 어떻게 해요? 그날 새벽에 일어나서 열무를 뽑으십니다. 그걸 한 짐 들고 장에 가시는 거예요. 가서 좌판을 쫙 펴고 열무를 팔아요. 열무를 팔아서 그걸로 고등어를 사는 거예요. 어떻게 보면, 물물 교환의 단계에서 조금 더 나간, 그런 상태에서 유년기를 보냈기 때문에, 사람이 살아가는 데 돈이 결정적이라는 걸 잘 몰랐어요.

그랬던 한국 사회가 돈 중심으로 변한 건, 제가 볼 때 사회주의가 붕괴하면서부터입니다. 1990년 베를린 장벽이 무너지면서 서구의 사회주의가 붕괴하기 시작했습니다. 그러면서 다른 한 축이던 자본주의가 스스로 노력하지 않은 승리를 얻었죠. 사회주의가 스스로 붕괴한 것이지 자본주의가 옳아서 붕괴한 것이 아니었습니다. 그런데도 마치 사회주의 몰락이 자본주의의 정당성을 증명하는 것처럼 되어 버린 것 같아요. 사회주의에도 문제가 있고 자본주의에도 문제가 있으니 그 두 가지가 적절하게 혼용되고 보완해야 바람직한데, 한쪽이 무너지니까 나머지 하나의 체제로 일방화됐다는 겁니다.

그전에는 자본주의가 횡포를 부릴 수가 없었습니다. 다른 한편에 사회주의 체제가 있었기 때문이지요. 양 체제를 대변하는 미국과 소련 같은 나라들이 다른 나라에 대해서 각박하게 경제적인 압박 같은 걸 하지 못했습니다. 오히려 자기편으로 끌어들이고자 원조를 한다든가, 동맹 관계로 도움을 준다든가 하는 방법을 썼지요. 경쟁적으로 그런 역할들을 해 왔는데, 한쪽이 사라진 지금은 그럴 필요가 없잖아요. 그러다 보니까 세계를 상대로 모든 것을 자본화하는 본격적인 무한 경쟁, 자본의 전면화 현상이 나타났습니다.

그 결과 전 세계를 하나의 시장으로 생각하는 신자유주의 같은 사상이 우리나라에도 유입됩니다. 그 단적인 예가 바로 학교도 하나의 기업이라는 생각입니다. 실제로 요즘 대학이 그렇죠. 신자유주의는 농업도 이윤이 나지 않으면 폐기해야 할 산업으로 봅니다. 이런 대단히 위험한 인식들이 바로 시장 만능주의적 논리에 따라 만들어진 게 아닌가, 저는 그렇게 봅니다.

돈 내면 지각해도 되나요?

아까 잠깐 얘기했던 벌금 문제를 다시 한 번 보겠습니다. 학생이 잘못했을 때 벌금을 받는 것, 그 밑바탕에는 문제를 돈으로 해결한다는 자본주의적인 생각이 깔려 있습니다. 물론 그랬을 때 좋은 점도 있겠지만 나쁜 점이 더 큽니다. 가장 큰 폐해가 뭘까요? 잘못을 저지른 학생이 돈으로써 자기의 잘못을 보상, 혹은 배상할 때, 그 학생은 '돈이면 다 된다'는 생각을 하게 됩니다. 예컨대 지각 한 번에 500원이라 하면, "선생님, 나 만 원 낼 테니까 20일간은 건드리지 마세요"라고 할 수 있습니다. 벌금은 지각을 줄이기는커녕 지각을 합리화하게 되는 거죠. 설마 그럴 학생은 없겠지만, 그렇게 해도 비방할 수 없다는 데 문제가 있는 거죠.

아침에 일찍 일어나는 게 괴로운 건 누구나 마찬가지인데, 누구는 만 원 내고 '합법적으로' 늦게 오고 누구는 돈 없어서 못 그러고…… 하는 심리적인 박탈감을 느낄 수도 있습니다. 가진 돈에 따라서 처우가 바뀐다는 것을 청소년 시절부터 체험하게 된다는 겁니다. 대단히 불행한 일이죠.

자, 다른 예를 하나 더 들어 봅시다. 학교를 교육 기관이 아닌 기업으로 생각하는 사람들은 "교육도 서비스다"라는 말을 많이 합니다. 듣기 좋은 말이죠. 교장 선생님께서 아침 조회 시간에 "학생 여러분, 교육도 이제 서비스입니다. 질 높은 교육을 해야 우리 학교가 살아남습니다. 성적이 나빠지면 우리 학교에 안 옵니다." 이런 말씀 혹시 안 하시던가요? 저는 주위에서 이런 말을 자주 듣습니다. 그럼 이런 발상이 왜 위험한가에 대해 생각해 봅시다.

물건을 잘 팔아야 그 회사가 잘 되는 것처럼, 교육의 성과를 내야만 학교도 잘된다는 생각. 얼핏 아무런 모순이 없어 보입니다. 하지만 따져 보면 이러한 논리의 위험성을 곧 알게 돼요. 일반 시장 논리에 따르면 상품은 판매하는 대로 바로 실적이 나옵니다. TV를 하루에 몇 대 팔았는지, 세탁기는 한 달에 몇 대나 나갔는지 바로바로 알 수 있습니다. 그런데 교육은 어때요? 그렇지 않습니다. 시간이 필요하지요. 교육은 통조림이나 반도체 같은 '상품'과는 다른 거예요.

그렇다면 학교의 실적이란 게 뭡니까. 학생입니다. 학교를 기업으로 생각하면 학생들이 상품이 됩니다. 당연히 무슨 대학을 몇 명 보냈다는 걸로 '실적'을 판단하게 됩니다. 학교마다 현수막 붙이잖아요. 서울대 몇 명, 연세대 몇 명, 수석 입학 누구누구, 막 이렇게 써 붙이잖아요. 그렇게 써 붙이는 걸 자랑으로 여기는 학교들의 논리가 바로 그겁니다. 마치 A 회사가 '신제품을 수만 개 팔았습니다'라고 자랑하는 것처럼 말이죠.

이런 생각들이 왜 위험한가요? 먼저, 교육의 성과는 금방 나타나는 것이 아니라는 점을 말씀드리고 싶습니다. 교육은 공장처럼 컨베이어 벨트로 차곡차곡 똑같은 제품을 양산하는 체제가 아니거든요.

여기 앉아 있는 여러분 중에 똑같은 사람은 단 한 명도 없잖아요. 한 사람, 한 사람의 잠재된 능력이나 적성이나 인성은 모두 달라요. 그런 하나하나를 개별적으로 길러 내야 하는 게 교육입니다. 교육의 결과는 여러분이 어른이 되고 세상을 살아가면서 나옵니다. 한 사람의 삶을 총체적으로 보았을 때 교육의 성과를 알 수 있지요. 그 사람이 어떻게 살아가는가, 사회에서 어떻게 활동하고 어떻게 헌신하며 어떤 성과를 냈는가를 총체적으로 판단해야 하는 겁니다. 그런 평가를, 올해 서울대 몇 명 갔다는 식으로 해 버리면 어떻게 됩니까? 서울대를 안 간 학생들은 교육적으로 실패자라는 소리입니다. 대학 안 가고 시골에 가서 농사를 짓겠다던가, 원예를 배우겠다던가, 요리사가 되겠다던가 하는 꿈을 가진 사람들은 살아남을 수가 없는 것이지요. 이런 사람들은 교육적으로 실패한, '불량 제품'이 되고 학교는 한마디로 '밑지는 장사'를 했다는 결론에 도달하는 겁니다. 최근 우리 교육에 나타나는 여러 가지 문제들도 이런 경향과 관련이 있는 것 같습니다.

파이를 독차지하려는 사람들

우리 사회는 돈을 중심으로 한 양적인 성장 위주의 경제 정책들을 많이 펴 왔습니다. 그런 정책들을 정당화하는 논리로 대표적인 게 '파이론'입니다. 여러분 '파이'가 뭐예요. 서양 사람들이 먹는 음식인데 우리 것으로 치면 빈대떡 같은 것으로 생각하면 될 것 같습니다. 이 빈대떡을 열 명이 나눠 먹을 때 한 사람이 먹을 수 있는 게 전체의 10분의 1이잖아요. 그런데 어떤 사람은 그것 갖고는 양이 안 찰 수 있습니다. 나눠 먹다 보니까 배가 고파요. 그래서 누군가 이렇게 말합니다. "우리 배고픈 걸 좀 참고, 덜 먹더라도 우선 이걸 크게 만들자." 이게 파이론입니다. 성장 위주 정책의 밑바탕에 있는 생각입니다. 우리는 지금까지 그게 정답이라고 생각하며 살아왔어요. 하지만 그렇지 않습니다. 이런 논리에는 분명히 불합리한 측면이 있어요.

예컨대 여러분이 친구들과 도토리를 주우러 갔다고 합시다. 네 명이 갔는데 네 개를 주웠어요. 그래서 서로 하나씩 나눠 먹었습니다. 지금까지 상황에서 문제가 있나요? 아직은 없습니다. 계속 얘기해 보죠. 그 다음 날 또 도토리를 주우러 갔는데 이번에는 여덟 개를 주웠어요. 그런데 그중에 있던 '일진 짱'이 "나 이번에는 다섯 개 먹을래. 너희는 그냥 하나씩 먹어." 이럽니다. 문제 있죠? 결국 친구들은 어제와 똑같이 한 개씩만 먹었어요.

좀 더 먹고 싶다고 하자 '일진 짱'이 이렇게 말합니다. "그럼 더 많이 주워. 더 열심히 해." 그래서 친구들은 다음날 또 산에 가서 16개의 도토리를 주웠습니다. 그랬더니 '일진 짱'은 두 개씩 나눠 주고, 나머지 10개를 혼자 먹습니다. 그러면서 이렇게 말합니다. "야, 어제보다 두 배나 많이 줬잖아. 불만이야?"

성장이 우선이라는 '파이론'이 정당해지려면 분배를 정확하게 해야 합니다.

분배 없이 파이만 키우자고 주장하는 것은 혼자 많이 먹겠다는 말이나 마찬가지입니다. 그런 나라들이 몇 군데 있습니다. 대표적인 나라가 어딥니까? 우리나라 보수 세력들이 선망하는 나라, 바로 일본입니다. 제가 일본에 가서 보니 모든 면에서 한국과 비슷하더라고요. 일례로 공사장에 써진 '안전제일 安全第一' 표지판이 글자 하나 틀리지 않고 우리나라와 똑같습니다. 교실에 들어가면 왼쪽에 시간표 있고 오른쪽에 알림판이 있는 것도 같습니다. 우리나라가 일본을 따라 하다 보니, 사회 문화적으로 비슷한 부분이 많다는 얘깁니다.

그런 일본이 요즘 경제 상황이 좋지 않습니다. 경제 불황을 가져온 가장 큰 실책이 뭐냐 하면 바로 분배 없는 성장 정책입니다. 나라의 소득은 높은데, 국민은 가난합니다. 아까 든 예처럼 친구들이 도토리는 많이 주워 왔는데 도대체 나눠 주질 않는 거예요. 그래서 일본의 처지를 '부국빈민富國貧民'이라고 합니다. 나라는 부자인데, 백성은 가난한 거예요. 복지 정책도 경제 수준과 비교하면 열악합니다. 그런데도 우리는 왜 자꾸 일본을 따라가려 하는지 안타까울 때가 많아요.

성장을 강조하는 또 다른 나라 중에 대표적으로 중동의 산유국들이 있습니다. 이 나라들 얼마나 잘삽니까? 기름 팔아서 벌어들이는 돈이 엄청난데, 그 나라에는 아직도 비참하게 사는 국민이 많습니다. 사막에서 낙타 똥으로 밥해 먹고, 물을 구하러 수십 킬로미터 떨어진 곳까지 물통을 들고 가야 하는 사람들, 그런 사람들이 상당히 많다는 거예요. 이건 뭘 이야기하느냐? 석유 팔아서 많은 달러를 나라가 벌어들였지만 국민에게 나눠 주는 방법이 옳지 못하다는 거예요.

그렇다면 올바른 분배란 뭘까요? 분배를 정확하게 한다는 것은 돈을 골고루 잘 쓴다는 말입니다. 이를 실천하기 위한 국가 정책은 어떤 것들이 있을까요? 흔히 복지라고 하는 정책이 그중 하나입니다. 나라가 성장을 잘하려면 국민이 열심히 일할 수 있도록 돈을 골고루 잘 나눠 줘야 합니다. 그게 바로 복지의 정책입니다.

열심히 일해서 도토리를 많이 주워 왔더니 '일진 짱'이 10개 먹고 나머지는 하나씩……. 이렇게 부가 한쪽으로만 몰리고, 제대로 나눠지지 않는 걸 두고 우리는 분배 정책이 잘못됐다고 얘기하는 겁니다.

어른 중에는 이렇게 얘기하시는 분도 있어요. "그래도 우리나라가 보릿고개는 면했다. 밥 굶던 시절에 비하면 지금 많이 좋아지지 않았느냐." 하고 말입니다. 우리 사회가 절대적인 빈곤에서 벗어난 것은 사실입니다. 옛날 기준으로 보면 세상이 많이 좋아진 거죠. 하지만 그와 동시에 우리가 생각해 보아야 할 게 있습니다. 이렇게 경제 성장을 이룩한 나라에서, G20 개최국이라며 국격을 자랑하는 나라에서 자살률이 그토록 높은 이유는 뭘까요? 우리 사회는 지금 건강한 걸까요?

언제까지 파이만 키울 것인가

절대빈곤에서 벗어난 지금의 우리에게 행복은 결코 잘사느냐 못사느냐의 문제가 아닙니다. 그래서 지금의 수준을 자꾸 옛날과 비교하면 안 됩니다. 불행해져요. 놀랍게도 우리가 세계 최빈국이라고 하는 방글라데시보다 행복 지수가 낮습니다. 왜일까요?

행복에는 상대성이라는 게 있기 때문입니다. 하루에 두 끼를 먹어도, 온 국민이 다 두 끼를 먹으면 모두 행복할 수 있어요. 불행한 걸 모를 수도 있는 거죠. 그런데 누구는 세 끼를 먹고 누구는 두 끼만 먹는다고 할 때 두 끼를 먹는 사람들은 불행하다고 느낄 수 있어요. 이런 이유입니다.

지금 우리 사회가 예전보다 잘 먹고 더 여유가 있지만 예전보다 행복하지 않아요. 바로 양극화 때문입니다. 부자와 가난한 사람의 차이가 커진 거예요. 예전에는 빨리 돈을 버는 게 우선이라고 생각했습니다. 그래서 수출에 모든 걸 걸었죠. 그러면 행복해질 거로 생각했으니까요. 하지만 막상 그렇게 해서 돈을 벌어 보니까 어때요? 사회 양극화, 자살률 1위, 이건 아니잖아요. 그러면 어떻게 해야 하느냐? 분배를 잘해야 합니다. 즉, 복지를 잘해야 합니다.

그런데 아직도 복지 이야기만 나오면 이렇게 말하는 사람들이 있습니다. "아직 멀었어. 선진국처럼 복지를 하려면 좀 더 열심히 일해서 도토리를 더 많이 주워 와야 해." 하고 말이죠. 그들은 파이를 계속 키우라고 합니다.

예전부터 그 말만 믿고 우리 국민은 정말 열심히 일했습니다. 노동자들은 잠 안 오는 약을 먹어 가며 일했고, 시골에 사는 사람들은 은행잎을 주워 수출하기도 했습니다. 나라가 잘살기 위한 일이라며 쥐가죽도 벗겨서 수출했습니다. 심지어는 오줌도 수출한다고 했어요. 그래서 공중 화장실마다 오줌을 모으는 통이 있었지요. 그걸 모아서 의약품 원료로 팔았다고 그럽니다.

가장 극단적인 건 남의 나라에 목숨까지 걸어 가며 돈을 벌러 갔다는 거예요. 베트남 전쟁에 수많은 군인이 전투병으로 참가했습니다. 우리나라 군인 아저씨들, 거기 왜 갔어요? 베트남하고 우리는 원수진 거 하나 없거든요. 우리가 잘 알지도 못하는 나라에 '정의를 지키러' 갔습니까? 표면적으로는 미국의 혈맹인 우리나라도 공산주의를 막으려면 같이 싸워야 한다는 거였지만 사실은 경제적 목적이 있었던 겁니다.

참전한 군인들 봉급이 당시 미군과 비슷한 수준이었습니다. 지금으로 치면 상당히 큰돈이지요. 평소의 열 배, 스무 배 되는 돈을 벌 수 있었던 거예요. 이런 걸 뭐라고 하죠? 돈 받고 남의 나라에 대신 싸움하러 가는 사람. 그래요, '용병'입니다. 그때 무고하게 죽은 베트남 사람들도 불쌍하지만, 거기에 돈 때문에 참전한 우리나라 군인들도 불쌍한 겁니다. 그 사람들만 불쌍한 게 아니라, 이기고 돌아오라고 수업 빼먹고 거리에 나가서 태극기 흔든 학생들도 불쌍했던 겁니다.

왜 우리는 이역만리 떨어진, 우리하고 아무런 원한 관계도 없는 나라와 전쟁을 해야 했는가? 물으면 어떤 사람들은 이렇게 말합니다. "우리가 가난했었기에 어쩔 수 없었다"고 말이죠. 백번 양보해서 그 말을 받아들인다고 합시다. 근데 지금은 아니잖아요. 그때보다 훨씬 돈도 많이 벌고, 잘살고, 세계 10위권에 육박하는 경제 규모를 자랑하는 나라가 이라크, 아프가니스탄에는 왜 가느냐고요. 아직도 가난하다는 거예요? 그러면 도대체 우리나라는 언제 부자 나라가 되는 건가요?

어쩌면 이것은 끝이 없는 싸움입니다. 왜냐? 돈은 욕망의 표현, 욕망의 매개물인데 유감스럽게도 인간의 욕망에는 끝이 없습니다. 따라서 "조금만 더 참아라. 지금은 가난하니까, 돈 좀 더 벌면 그때 잘해 주겠다"는 건 거짓말입니다. 그 약속을 지킬 수 있는 날은 오지 않아요. 그런 생각을 하는 사람이 지도자로 있으면, 우리가 미국이나 일본을 능가할 정도로 경제 대국이 되고, 세계에서 제일 잘사는 나라가 되어도, 국민에게 '도토리'를 나눠 주지 않아요. 대신 끝없이 더 주워 오라고, 아직 멀었다고 이 핑계 저 핑계 댈 겁니다.

돈이 지배하는 사회

여러분, 가난한 사람이나 부자나 돈에 쪼들리는 건 똑같다는 거 아세요? 부자들이 앓는 소리를 더 많이 합니다. 그렇게 돈이 많으면서 웬 엄살이냐고 물어보면 나름대로 이유를 댑니다. 가정부 월급 줘야지, 애완견 미용도 시켜 줘야지, 골프장 회원권도 사야지…….아마 지출 내역만 보면 정말로 돈이 부족한 것처럼 보일지도 몰라요.

이렇게, 아무리 부자라도 돈이 부족한 이유는 욕망에는 끝이 없기 때문입니다. 이렇듯 "성장만이 살길이다. 성장을 해야 분배도 있다. 돈을 많이 벌면 그때 가서 복지도 해 주겠다"고 주장하는 국가 지도자는 거짓말쟁이입니다. 그 사람은 사기꾼입니다.

우리 사회가 행복해지려면 파이를 늘리는 데 국민을 동원하기보다, 이제는 적절히 커진 파이를 공정하게 나누는 데 힘써야 합니다. 그것이 돈을 올바르게 쓰는 방법입니다. 그것을 가르치는 것이 학교의 교육이어야 합니다.

돈이면 무엇이든지 다 할 수 있다고 믿는 사회는 대단히 불행한 사회입니다. 그러나 지금 우리는 그렇게 생각하고 있습니다. 여러분은 아닙니까? 유감스럽게도 현실이 그렇습니다. 가난하지만 정의로운 사람보다는 불의를 저지르더라도 부자가 더 좋다라고 생각하는 사람들이 우리 사회에 아주 많습니다. 제가 통계를 보니까 그런 식으로 응답한 사람의 비율이 세계에서 가장 높더라고요. 부정한 방법으로 돈을 벌어도 괜찮다고 생각하는 데서 한 걸음 더 나아가 그런 사람을 부러워하는 거예요.

상당한 권력을 가진 지도자가 엄청난 돈을 가지고 있어요. 그 사람이 저 돈을 어떻게 벌었을까? 부정한 방법으로 벌었을 것이라는 의혹들이 많이 돌아다닙니다. 그러면 어떻겠어요. 당연히 지각 있는 국민이라면 최소한 그런 사람을 지지하지는 않을 겁니다. "땅 투기를 했거나 세금을 떼어먹었다면 당신에게 나라를 맡길 수 없어!" 이렇게 나와야지요. 그러나 우리나라의 많은 국민은 그런 사람을 지지한다는 겁니다. 왜? 저 사람이 나쁜 짓을 했어도 어찌 됐든 부자니까, 세금을 떼어먹었거나 땅 투기를 해서라도 부자가 되고 싶으니까, 부러워하는 거예요. 그런 사람을 뽑으면 자신도 그렇게 잘살게 해 주겠지 하고 생각하는 겁니다. 이렇게까지 된 건 많은 사람들이 돈이면 다 된다는 생각에 빠져 버렸기 때문입니다. 돈의 위력이 너무도 커진 사회에 우리는 지금 살고 있어요.

얼마 전에 제가 본 광고 하나를 말씀드리겠습니다. 지하철을 타고 가다가 우연히 한 광고가 눈에 띄었어요. 두 사람 사진이 있었습니다. 그런데 사진 설명에 한쪽은 'before'라고 쓰여 있고, 다른 한쪽은 'after' 이렇게 쓰여 있었어요. 전 분명히 다른 사람이라고 생각했습니다. 왜냐면 한쪽에 비해 다른 한쪽은 완전히 연예인처럼 예뻤으니까요. 하지만, 여러분도 예상했다시피, 이건 성형 수술 전문 병원 광고였습니다. 제가 그렇게 생각할 정도니 실제 20대 여성들처럼 외모에 관심이 많은 분이라면, 돈만 있다면 당장에라도 그런 성형 수술을 하고 싶은 충동을 느꼈을 법합니다. 우리나라에선 돈 있으면 못생긴 사람도 예쁜 사람이 됩니다. 돈의 위력이죠.

그뿐입니까? 돈이면 높은 자리도 살 수 있다고 믿는 분들도 있어요. 실제로 돈 있으면 시의원이나 국회의원이 될 수 있잖아요. 이렇게 되니까 처음에는 분개하다가 나중에는 무력감에 빠지고, 자기 자신이 돈 없는 걸 한탄하면서 그들을 부러워하는 현상이 생긴 거예요. '출세한' 사람들이 돈을 '어떻게' 모았느냐는 중요한 문제가 아닙니다.

이미 세상의 논리에 물든 어른들은 그래도 좋습니다. 하지만, 오늘 제가 여러분께 꼭 말씀드리고 싶은 것은, 자라나는 청소년마저 돈에 대해 그렇게 왜곡된 생각을 한다면 우리 사회는 희망이 없다는 겁니다. 적어도 여러분은 돈의 영향을 받아서는 안 되는 것들이 있다는 신념을 갖기를 바랍니다.

학교는 개인 소유물이 아니랍니다

청소년   선생님이 쓰신 소설 중에 사립학교 비리를 소재로 한 게 있잖아요. 실제로도 그런 일이 있는지 궁금합니다.

이시백　사실에 기반해서 쓰인 거지만, 모든 사립학교가 그렇지는 않습니다. 공립이라고 해서 문제가 없는 것도 아니고요. 하지만 분명한 건 우리나라의 사립학교 중에 문제를 가진 곳이 적지 않다는 거예요. 소설에 나오는 이야기는 실제 서너 곳의 학교에서 있었던 일들을 모델로 했습니다.

　교육의 공공성이라는 걸 생각해야 해요. 저는 적어도 교육이 어느 한 개인의 사유물이 되어서는 안 된다고 생각합니다. 공공성이란 모두에게 적용되는 겁니다. 그래서 참여자들의 협의가 필요하지요.

　만약 여러분이 친구들과 캠핑을 갔다고 칩시다. 텐트 치는 거, 물 떠오는 거, 밥 짓는 거, 이런 식으로 역할을 나누죠? 그럴 때 각자 어떤 일을 정할지 협의합니다. 왜냐면 각각의 역할이 캠핑에 참여한 사람들에게 영향을 미치기 때문입니다. 누군가 물을 떠 오지 않는다면, 누군가 텐트를 치지 않는다면 캠핑을 할 수 없으니까요.

　교육도 마찬가지입니다. 공공성을 갖고 있기 때문에 그 철학이나 방식에 대한 구성원들의 협의가 필요한 것입니다.

　반면, 개별성을 띠는 행위는 개인이 알아서 결정하면 됩니다. 아까 캠핑 장면에서 휴식 시간을 가정해 봅니다. 누군가는 책을 읽고 누군가는 라디오를 듣습니다. 각자의 행위가 서로에게 아무런 영향을 미치지 않기 때문에 알아서 판단할 일입니다. 모두가 모여 논의할 필요는 없죠.

　우리 사회에서 공공성을 띠는 영역은 여러 가지가 있습니다. 국민의 건강과 관련한 의료, 기본적인 의식주와 관련한 상하수도, 전기 등의 공공사업, 교육 등이 그렇습니다. 그래서 많은 경우 국가가 교육 기관을 세우고 운영합니다. 교육이 기본석으로 공공성을 띠는 것이지요. 사립학교는 개인이 세웠다는 점에서 약간의 차이가 있습니다. 그러나 기본적으로 공공의 영역에 속하는 교육 기관이기에 개인의 사유물로 보기 어렵습니다. 설령 누군가 100억을 내서 A라는 학교를 세웠다 하더라도 그 사람의 것이 아니라는 거예요. 개인이 재산을 들여 학교를 세운 점은 사회적으로 존경받아 마땅한 일이지만, 소유권을 주장하면서 마음대로 운영해서는 안 된다는 겁니다.

하지만 현실적으로는 그렇지 못합니다. 언론에도 자주 등장합니다만, 설립자의 친인척들이 교장, 교감은 물론 교사와 교직원까지 하는 곳이 흔합니다. 그런 학교의 교육 정책이나 제도가 얼마나 사유화됐을까 하는 건 능히 짐작할 만합니다.

얼마 전에 여든이 넘은 교장이 학교 선생님을 때렸잖아요, 애들 보는 앞에서. 이런 충격적인 일들이 예전에는 더 흔했습니다. 지금은 사회도 발전하고, 견제가 되고 있기에 과거처럼 제멋대로는 못 하지만 여전히 투명성이 부족한 건 사실입니다.

학교가 사유화되면 제일 큰 피해를 입는 사람이 누구일까요? 그 학교에 다니면서 교장한테 뺨 맞는 선생님이 아니에요. 그렇게 뺨 맞는 선생님에게 배우는 학생들입니다. 왜냐? 맞은 선생님은 반드시 여러분에게 화풀이를 합니다. 어느 날 선생님이 조례에 들어오면서 인상을 써요. 평소에는 부드러운 분인데 오자마자 소리를 지릅니다. 30분 전으로 돌아가 보면 그 이유를 알 수 있습니다. 교무 회의 시간에 교장 선생님이 이 선생님을 일으켜 세워 놓고 혼을 냅니다. "그 반은 왜 이렇게 화장실 청소가 안 돼 있어? 똑바로 못 해?" 여러 사람 앞에서 반말로 야단을 칩니다. "그 반 애들은 왜 아직도 등록금을 안 내!" 그 러고 나선 회의를 마치면서 이렇게 말하죠. "오늘 수업 들어가서 애 들 사랑으로 잘 지도해 주세요." (웃음) 그렇게 비인간적인 대우를 받 은 선생님이 아이들을 사랑으로 대할 수 있겠습니까?

여러분은 주체적으로, 학교의 주인이라는 인식을 갖고 당당히 자 기 권리를 주장해야 합니다. "학생은 그저 공부만 하면 돼." 이건 지 배자들이나 권력자들, 독재자들이 제일 좋아하는 말이에요.

우리 모두가 이 나라의 주인인 만큼 정치, 사회의 각 분야를 알아 야 합니다. 즉, 관심을 가져야 합니다.

학교가 왜 이러냐며 불평만 할 게 아니라 학교가 움직이는 방식을 알고 부당함에는 당당하게 요구하고 개선하는 실천이 필요한 거죠.

우리나라는 강자가 되는 법, 돈 버는 법, 경쟁하는 법부터 가르치 잖아요. 이건 올바른 교육이 아닙니다. 학교가 검투사를 양성하는 곳 은 아니잖아요. 급훈은 화목, 인화단결 이렇게 해 놓고 정작 아이들 끼리는 싸움시키고, 교훈은 창의성이라고 써 놓고는 조회 때 줄이 옆 으로 튀어나왔다고 빰따귀 때리는 학교……. 줄 좀 안 맞는다고 세계 평화가 무너집니까? 그렇게 줄을 똑바로 서야 한다는 법은 어느 나라 교과서에 있는 거예요? 그러면서 한편으로는 북한군이 줄 맞춰서 걷 는 걸 보며 섬뜩하다고 하잖아요. 이렇게 앞뒤가 안 맞는 교육을 지 적하고 권리를 찾아야 해요.

학생의 권리를 여러분 스스로 찾아가는 게 교육의 시작입니다. 그래서 인문학을 배웁니다. 내 권리가 어떤 게 있고 그것을 요구하는 것이 왜 정당한가에 대한 학문적 배경을 알아야 하기 때문이에요. 모르면 당합니다.

따뜻한 시선으로 주위를 돌아보자

제 작품 『종을 훔치다』와 관련해서 한 가지 얘기를 더 할게요. 거기 보면 '부대찌개파' 아이들이 나오죠. 여러분 학교에도 그런 친구들 있죠? 본업은 오토바이고 수업은 취미로 듣는 아이들. 그런데 이런 친구들이 빠지지 않고 학교에 오는 날이 있더라고요. 바로 소풍 가는 날입니다.

제가 가르친 학생 중에 가출해서 연락이 안 되던 친구가 있었어요. 집에 연락해도 모른다고 하시고 오히려 엄마께서 저한테 행방을 묻더라고요. 근데 이 학생이 소풍날 나타납니다. 새벽부터 나왔는지 공원 입구에 서 있더라고요. 그래서 제가 "반갑다, 소풍날은 어떻게 알고 왔느냐." 하며 격려를 해 주었습니다. 그랬더니 장기 자랑 시간에 한바탕 무대를 휘젓고는 비호같이 사라지더라고요.

학교에서 말썽 피우는 친구들 보면 공통점이 뭐예요? 노래나 춤, 이런 거 좋아하잖아요. 왜죠? 사람들로부터 박수받을 수 있으니까요. 학교가 성적 이외에는 인정을 안 하잖아요. 그러니까 공부 못하고 또 가정환경이 안 되는 친구들은 학교에서 존재감을 못 느껴요. 내가 왜 여기 있어야 하는지 이해가 안 가는 거죠. 그래서 자기 존재를 인정해 주는 학교 밖 친구들과 어울리고 오토바이를 타며 간접적으로 자기를 표현하는 거예요. 그런 친구들일수록 무대 위에 세워야 해요.

제가 그런 학생들을 많이 만났습니다. 학교에서는 전부 퇴학이나 전학시키라고 했죠. 아이들이 폭탄입니까? 전학 보내면 그 학교는 괜찮아요? 그래서 아이들에게 물었습니다. "너 전학 갈래? 선생님이 하는 동아리 들어올래?" 그랬더니 그 친구들이 뭣도 모르고 연극 동아리에 들어옵니다. 제가 그때 연극 동아리를 했거든요. 그때부터 그 친구들이 좋아하는 춤과 노래를 연습할 수 있게 창고에다 자리를 마련하고 거울도 붙입니다. 연습을 해야 하니까요. 그리고 각종 사회단체에다가 공문을 보내서 우리 아이들이 무료로 공연을 해 주겠다고 제안합니다. 연습을 했으면 공연을 해야 하잖아요.

첫 번째 무대가 노인 복지관이었습니다. 할머니, 할아버지들을 모셔 놓고 머리 뺑글뺑글 도는 거, 헤드 스핀인가요, 그런 걸 했더니 그분들이 "야야, 어지럽다. 그만 해라, 다친다." 이러세요. (웃음)

소설은 이런 제 경험을 바탕으로 한 겁니다. 여러분도 학교에 그렇게 말썽부리는 친구가 있다면, 이해하는 마음을 가져야 합니다. 친구들이 왜 그러는지 한 번쯤 생각해 봐야 해요. 선생님하고 똑같이, '저 놈이 우리 반 분위기 깨는 애야. 우리 반 개근 기록을 쟤가 깨트렸어. 우리 반 모의고사 평균 성적 떨어뜨렸어…….' 이런 마음 가지면 안 돼요.

얼마 전에 김두식 선생님의 『불편해도 괜찮아』라는 책을 읽다 보니까 재미있는 말이 나오더라고요. '지랄 총량의 법칙', 즉 사람은 평생 지랄을 하는 총량이 있다는 거예요. 다만, 어느 시기에 지랄을 하는가의 차이가 있을 뿐이라는 거죠. 참 재미있는 표현이라고 생각했습니다. 어렸을 때 그걸 못한 사람은 어른이 돼서 한대요. 그래서 가만히 생각해 보니까 '두발 총량의 법칙'도 있는 것 같아요. 인간은 평생 기르는 머리카락의 양이 있는 것 같아요. 중·고등학교 때 못 기르게 하면 어른이 돼서 저처럼 뒤늦게라도 봉두난발을 하게 됩니다. 시기의 차이가 있을 뿐이지 누구나 말썽을 부리고 실수를 합니다. 그럴 때 '쟤는 왜 저래.' 이런 마음을 가져서는 곤란하다는 거예요. 여기 모인 분 중에도, 지금은 '범생이'지만 어른이 돼서 '지랄' 하는 사람이 있을지도 모르잖아요. 그런 마음으로 친구들을 바라보는 게 필요하다는 말씀을 끝으로 오늘 강연을 마무리하고자 합니다. 고맙습니다.

2강

가치 기준에 따라
행복도 달라진다

제윤경 | (주)에듀머니 이사

무언가를 소비할 때, 다시 한 번 생각해 보세요.
여러분의 내면을 바라보고 이게 진짜 자신이 원하는 건지 판단해야 합니다.
그리고 결정이 되었으면, 부모님과 함께 계획을 세워 보세요.
용돈의 범위, 용돈의 크기, 얼마씩 언제까지 모아서 살 건지 등등.
이렇게 주도적이고 계획적인 소비를 연습하면
나중에 어른이 되어서도 행복한 소비자가 될 수 있습니다.

제윤경

두 아이의 엄마입니다. 딸아이가 초등학교 3학년일 때부터 용돈을 통한 경제 교육을 해 왔습니다. 제대로 된 경제 교육만으로도 아이의 인성 교육과 생활 습관 지도를 함께 할 수 있으며, 무엇보다 부모와 아이의 소통 문제를 해결할 수 있다고 생각합니다. '따뜻한 경제 교육이 그 어떤 것보다 훌륭하게 아이를 키울 수 있는 힘이 된다'는 믿음을 가진 경제 교육 전문가입니다.

가치 기준에 따라 행복도 달라진다

안녕하세요. 제윤경입니다. 오늘은 우리가 실제 생활에서 보고 부딪히는 얘기를 할까 해요.

어느 날 딸이 "엄마, 우리 집 빚 있어, 없어?" 해요. 또 언젠가는 "우리 집이 우리 집이야?" 이렇게 묻더라고요. "그럼 우리 집이 우리 집이지, 남의 집이니?"라고 대답은 했지만, 아무래도 집의 소유권을 묻는 듯했어요. 그래서 등기부 등본상으로는 우리 집이 아니라고 했습니다. 요즘 친구들은 아파트 가격이나 평수 같은 것에도 관심이 많더라고요. 여러분도 관심 많죠? TV 드라마를 보면 거기서는 백수도 부자예요. 그런 거 보면 왠지 우리 집만 가난한 것 같습니다.

또래 친구들에게 가끔 묻습니다. "돈과 관련해서 부모님한테 가장 화가 날 때가 언젠가요?" 그러면 제일 많이 나오는 대답이 뭘 것 같아요? 네, 정답은 바로 세뱃돈 뺏어갈 때예요. 공감이 가죠? (웃음) 그런데 부모님도 그렇게 생각할까요? 그렇지 않아요. 부모는 '맡았다'고 생각하지요. 어떻게 하면 부모와 다투지 않고 세뱃돈을 잘 쓸 수 있을까 하는 것도 결국은 돈에 대한 여러분의 생각과 관련이 있습니다.

제가 강연을 했던 학교에서 있었던 일입니다. 어떤 애들이 돈을 벌려고 학교에 물건을 가져와 친구들에게 팔았대요. 그런데 이게 외상으로 판 거라서 나중에 다툼이 벌어졌다고 하더군요. 이렇게 학교에서 일찌감치 장사에 뛰어든 친구들의 모임 이름이 뭔지 아세요? 떼돈을 벌겠다고 모임 이름을 '떼돈 아시아'라고 지었어요. (웃음)

그래서 돈에 대해 제대로 알려 주려고 이 아이들을 불러 모아 사업계획을 같이 짰어요. 해 보니까 엉망진창이죠. 뭘 갖고 돈을 벌고 싶은지 물어보니 특별한 아이템도 없었습니다.

대신 이런 얘기를 하더라고요. 탁구 채를 사다가 아이들한테 빌려줘서 대여료를 받는다. "아이들이 탁구를 안 하고 싶어 하면 어떻게 하지?"라고 물으니 하게 만든다고 해요. 협박이죠. (웃음) 그러면 탁구 채는 무슨 돈으로 사지? 엄마한테 사 달란다고 하기에, 나중에 탁구 채 산 돈도 회수 못 하면 어떡하지? 그랬더니, 막 머리 아파하더라고요. 이 친구들은 지금 청소년 사회적 기업을 준비하고 있습니다.

붕어빵의 경제학

여러분은 보통 정해진 날 정해진 금액만큼의 용돈을 받습니다. 그런데 이 용돈을 갖고 무엇을 하느냐가 중요합니다. 쓸 일이 많죠. 학용품 사고 준비물도 사고 책도 사야 하죠. 고등학생 정도 되면 자기 옷도 용돈으로 사야 해요.

중학생인 제 아이는 벌써 그렇게 하고 있습니다. 저는 아이에게 용돈을 한 달에 16만 원씩 줘요. 많죠. 근데 사정을 알고 보면 꼭 그렇지도 않습니다. 그 돈으로 뭘 해야 하느냐? 우선 학교 급식비 5만 5,000원을 내야 해요. 그리고 핸드폰 요금 1만 5,000원, 벌써 7만 원이죠? 그리고 차비, 책값에 야외 학습 갈 때 간식이니 뭐니 그런 것도 용돈에서 써야 합니다. 심지어 옷과 신발도 자기 돈으로 사야 해요. 그랬을 때 16만 원, 어때요? 그래도 많아요?

대신 우리 아이는 용돈 기입장을 신중하게 씁니다. 다니는 학교에서 유기농 쿠키를 파는데 그 가격을 잘 알아요. 700원입니다. 근데 슈퍼에 갔더니 거기도 쿠키가 700원이에요. 하지만 크기가 다릅니다. 슈퍼에서 파는 게 훨씬 크죠. 그러면 아이는 갈등합니다. '아, 여기는 이렇게 큰 게 700원인데…….'

자기 돈으로 사 먹어야 하기 때문에 단돈 700원짜리 쿠키 앞에서도 생각이 많아집니다. 여러분 길거리에서 붕어빵을 사 먹을 때 어떻게 해요? "천 원어치 주세요." 이러죠? 그런데 얘는 내가 몇 개 먹고 싶은지를 생각해요. 하나면 충분하다. 두 개 사서 친구랑 하나씩 나눠 먹어야겠다. 그러면 가서 "붕어빵 두 개 주세요"라고 합니다. 필요를 먼저 생각하는 거죠. 하지만 이때도 문제에 부딪힙니다. 보통 홀수로 가격이 매겨져 있거든요.

붕어빵 가게 앞에 가면 보통 천 원에 몇 개, 그렇게 쓰여 있어요. 그 얘기는 곧 천 원어치 사 먹으라는 얘기죠. 암암리에 소비자에게 권유하는 거예요. 기업 차원에서 보자면 이러한 '권유'는 굉장히 치밀하게 이루어집니다. 그래서 거의 권유가 아니라 '강요'를 당하고 있어요. 소비자들의 의사 결정은 그만큼 수동적이 될 가능성이 큽니다.

붕어빵 가게 아저씨는 천 원어치 사 먹으라고 한 적이 없습니다. 하지만 그 앞에 서면 누구나 다 "천 원어치 주세요"라고 해요. 계산하다 보면 애매하잖아요. 천 원에 다섯 개면 500원에 두 개인가, 세 개인가? 그래서 그냥 천 원 어치를 사요. 내게 필요한 붕어빵이 지금 몇 개인가, 몇 개가 먹고 싶은가? 이걸 생각하기가 쉽지 않습니다.

여기에는 이런 함정이 있는 겁니다. 천 원어치를 사면 다섯 개인데 500원어치를 사면 두 개, 즉 왠지 붕어빵 반 개를 손해 보는 기분이 듭니다. 사람은 손해 보는 것을 대단히 싫어해요. 이것을 행동 경제학에서는 '손실 회피 심리'라고 합니다. 같은 크기의 이익과 손실 앞에서 이익보다는 손실에 더 민감하게 반응하고 이익을 포기하더라도 손실을 피하는 방향으로 의사 결정을 내린다는 거죠.

따라서 천 원에 다섯 개인 붕어빵의 가격에는 500원어치를 사 먹지 않게 하려는 판매 전략이 담겨 있어요. 천 원어치를 사서 다 먹지 못하고 결국 버리는 한이 있더라도 손해를 보지 않기 위해서 천 원어치를 사는 것이죠. 그래서 부르는 대로 가격을 지불합니다. 그리고 이렇게 산 붕어빵은 대부분 남깁니다. 혹은 한두 개만 맛있게 먹고 나머지는 버리기 아까워 억지로 먹죠.

가격에 의해 소비를 결정하면 이런 문제가 생깁니다. 그러나 필요와 욕구를 먼저 따져 본 후 그에 맞는 소비를 하면 남기지도 않고 맛있게 먹을 수도 있습니다. 소비의 결과는 충분히 만족스럽고 500원도 절약하게 되는 것이죠.

다시 용돈 이야기로 돌아가 볼까요. 대부분 청소년들은 부모가 주는 돈을 간식이나 교제비 등 자신이 원하는 곳에 쓰지만 학용품이나 준비물 등의 필수 비용은 부모에게 맡기죠. 그러나 제대로 된 용돈이라면 필요한 지출까지 포함해야 합니다. 많든 적든 필수 비용을 용돈으로 해결할 수 있어야 해요.

내가 좋아서 쓰는 게 아니라 필요해서 쓰는 거, 어떤 게 있을까요? 예를 들면 수업 준비물 같은 게 있겠죠. 이건 붕어빵처럼 참을 수 있는 게 아닙니다. 반드시 사야 하는 거죠. 이러한 비용을 '필수 지출 비용'이라고 합니다. 반면에 '욕구 지출 비용'이란 것이 있지요. 말그대로 자기가 하고 싶어서 하는 지출입니다. 대개, 아이들의 욕구 지출을 위해 용돈을 주시는 부모님들이 많아요. 그런데 진짜 용돈은이 두 가지가 같이 포함돼 있어야 합니다.

혹시 정해진 날, 정해진 금액, 그리고 필수 지출 비용과 욕구 지출 비용, 이런 게 다 갖춰진 용돈을 받는 친구들이 있나요? 여러분은 부모님이 필요한 건 다 사 주세요? 아, 충분하게는 안 사 줘요? (웃음) 어쨌든 내 용돈으로 꼭 사야 하는 건 아니죠? 부모님이 사 주죠? 그리고 용돈으로 뭐해요? 간식 사 먹고, 친구들하고 놀러다니고 그런 데 쓰죠.

언젠가 몰래 훔쳐본 제 아이 일기장 얘기를 할게요. 초등학교 6학년 때였습니다. 걔는 내가 아직도 훔쳐본 사실을 몰라요. (웃음) 거기에 이렇게 썼더라고요.

"친구들에게 한 달 용돈이 16만 원이라고 했더니, '헐'이란다." 그러면서 "급식비, 교통비, 그리고 핸드폰 요금, 옷도 사야 하고 책도 사야 하고, 간식도 사 먹어야 하고, 야외 수업비도 내야 하고……."

이렇게 써야 할 목록을 쭉 열거하더니 이래요. "휴, 가계부를 써야겠다. 예산을 세워 봐야겠다. 과연 내가 여기서 마음대로 쓸 수 있는 돈이 얼마인지 머리가 아프다. 그 사실을 친한 친구한테 얘기했더니 나더러 불쌍하단다……." (웃음) 하지만 자기가 돈을 그렇게 주도적으로 쓰는 것에 대해서는 자부심을 느껴야 해요.

저는 아이에게 용돈을 주지만, 간섭은 하지 않습니다. 학교 준비물을 안 사는 대신 아이스크림을 사 먹어야겠다고 해도 제 대답은 "네가 결정해!"였습니다. 네 돈이다, 거기까지는 믿겠다, 재량권을 너한테 다 준다, 엄마는 너한테 조언만 한다는 의미였습니다. 대신, 기록을 하고, 생각을 해 보고, 그게 정말 원하는 건지 스스로 생각을 해봐라. 그랬을 때 그게 정말 중요하다면 해야 한다고도 말해 줬습니다. 어때요? 힘들지만 재밌을 것 같지 않아요? 아닌가? (웃음) 재밌어요. 굉장히 재밌어합니다.

우리 아이는 자신이 늘 스스로 의사 결정을 내려야 하기 때문에 붕어빵 가게 앞에서처럼 자신의 필요와 선호를 먼저 생각하는 소비 습관을 지니게 되었어요. 가격에 이끌려 구매를 하지 않아요. 아무리 싸도 필요 없으면 사지 않고 아무리 비싸도 필요하고 스스로 원한다면 구매 계획과 목표를 세워 소비하고 있습니다. 빠듯한 용돈인데도 나름대로 준비해 둔 비상금이 있어요. 그래서 돈에 쫓기지 않아요.

같은 돈, 다른 만족

올해도 제 아이와 용돈 인상안에 대해서 같이 얘기를 했습니다. 그런데 아는 언니 얘기를 하더군요. 그 언니는 엄마가 급식비랑 핸드폰 요금은 물론이고 옷까지 다 사 주면서도 용돈을 한 달에 15만 원이나 받는다는 거예요. 그 얘기를 하는 의도를 알고 싶어, 이야기를 듣다가 물었죠. "부럽니?" 여러분은 부러우세요? 아이 입장에서는 그럴 수도 있습니다. 아까도 말씀드렸지만 제 아이는 용돈으로 급식비와 교통비와 각종 요금도 스스로 해결해야 합니다. 그리고 남는 돈으로 옷도 사야 하죠.

예전에 한번은 그러더라고요. 10만 원이면 옷 스무 벌쯤은 살 수 있을 줄 알았다고 말이죠. 그때가 초등학교 6학년 때니까 아직 현실 감각이 부족했겠죠. 그래서 직접 10만 원을 들고 옷을 사러 갑니다. 가면서 막 상상을 해요. 트레이닝복도 사고 뭐도 사고……. 그러다 급좌절을 합니다. 제 아이가 마음에 두었던, 당시 유행하던 트레이닝복이 대략 15만 원 정도 했으니까요. 그런데 아는 언니는 그걸 부모가 사 준다니, 얼마나 부러웠겠어요.

우리는 점점 돈에 대해 헷갈리는 세상을 살다 보니까 돈이 많으면 행복할 거라는 생각을 많이 합니다. 그러니 돈 많은 친구가 당연히 부럽죠. 하지만 정말 그럴까요? 이러한 생각에는 함정이 있습니다.

바로 '절대 액수'를 가지고 비교하는 것입니다. A라는 친구와 B라는 친구의 용돈이 똑같다고 해서 행복의 정도도 똑같을 수는 없습니다. 돈의 쓰임새가 서로 다를 테니까요.

한 가정의 살림살이를 예로 들겠습니다. 한 달에 일하고 받은 돈, 즉 월급을 '명목 소득'이라고 합시다. 명목 소득이란 소득의 절대 크기를 말합니다. 눈에 보이는 소득, 쉽게 말해 통장에 찍힌 돈이죠. 그 집이 이 돈으로 할 수 있는 걸 알려면, 여기서 고정적으로 나가는 비용들을 빼야 해요.

세금도 빼야 하고, 만약 집을 사기 위해 빚을 졌다면 부채에 따른 이자 비용도 빼야 하죠. 이것은 매월 변함없이 지출해야 하는 고정 비용입니다. 이렇게 고정 비용을 빼고 남는 것을 경제학 용어로 '가처분 소득'이라고 합니다. 이건 당연히 집집마다 다르겠죠. 교육비도 제각각이고 사는 곳이 아파트라면 평수에 따라 관리비도 다르니까요. 살림살이에서도 차이가 납니다. 전자 제품이 많으면 그만큼 전기 요금도 많아지겠죠. 이처럼 같은 월급이라도 각각의 사정에 따라 실제 쓸 수 있는 돈은 다릅니다.

실제로 상담을 해 보면 고소득자일수록 세금도 높고 이자 비용도 많습니다. 많이 벌수록 큰 집을 사고 싶어 하니까요. 그런데 아무리 고소득자라도 최근 우리나라 주택 가격을 감안할 때 40평 이상의 집을 빚 없이 사기는 어렵습니다. 당연히 빚을 내겠죠. 현재 우리나라는 가계 부채 문제가 심각한데 그 부채의 대부분을 상위 소득 계층이 지고 있습니다. 또한 소득이 높은 계층은 각종 관리비 부담도 큽니다. 차량도 여러 대 있어서 유지 비용도 만만치 않죠.

상대적으로 소득이 적은 계층은 집도 좁은 평수이고, 소유 형태도

전세인 경우가 많아서 비용 측면에서 고소득 계층보다 덜 듭니다. 게다가 고소득 계층은 다른 사람들과 끊임없이 자기를 비교하면서, 쏟아지는 최첨단 제품과 명품에 대한 소비 강박을 더 많이 가질 확률이 높죠. 소득이 높지만 이런저런 비용 지출도 많아서 고소득 계층도 빚이 계속 늘어나는 경우가 흔합니다. 결국 눈에 보이는 소득이 높다고 해서 경제적으로 안정적이고 풍요로운 것은 아닙니다. 오히려 다른 계층에 비해 더욱 위험할 수 있습니다. 하지만 사람들은 눈에 보이는 소득으로 판단하는 경우가 많습니다.

자, 다시 여러분의 용돈 이야기로 돌아가서 아까 우리 아이는 용돈이 16만 원이었어요. 여기에는 필수 비용이 포함되어 있었죠. 그리고 다른 친구는 모든 걸 부모님이 다 내 주고도 15만 원의 용돈을 받았습니다. 그런데 여기 어떤 친구는 용돈이 5만 원에 불과합니다. 그러면 이 친구는 기분이 어떻겠어요? 상대적으로 박탈감이 들겠죠. 누구는 부모 잘 만나서 용돈도 많이 받고 좋겠다, 이렇게 생각할 겁니다.

제가 아는 어떤 부모는 아이에게 용돈을 80만 원이나 줍니다. 금액만 놓고 보면 정말 끝내주는 거죠. 그러나 겉으로 보이는 용돈의 크기만으로 서로를 비교하는 것은 앞서도 얘기했지만, 잘못된 것입니다. 그 돈으로 무엇을 해야 하는지, 필수 비용을 제하고 재량껏 쓸 수 있는 돈이 얼마인지가 중요하겠죠. 그 돈을 잘 쓰느냐, 아니면 천 원어치 붕어빵을 사서 반만 먹고 버리는 식의 잘못된 소비를 하느냐에 따라 만족도가 달라집니다. 겉으로 보이는 것만 보고 비교해서는 안 된다는 이야기입니다.

80만 원을 받는 아이는 그 돈으로 교육비 전체를 해결해야 합니다. 학원비는 물론이고 학교에 들어가는 비용 일체를 스스로 해결해야 하는 거죠. 저도 아이가 고등학교 올라가면 그렇게 할 겁니다. 등록금까지 전부 아이에게 주고 스스로 배분해서 쓰도록 말이죠. 물론 그만큼 책임을 묻습니다. 그다음부터는 절대 금전 거래가 없는 거죠. 네가 다 알아서 하라는 얘깁니다.

고등학교에 갈 나이 정도면 주도적이고 독립적으로 의사 결정을 할 수 있고, 또 그렇게 해야 합니다. 아직 학교에 남아 있어야 하는 이유는, 우리 사회 구조가 복잡하니까 준비 교육을 받아야 하기 때문이에요. 이 사회가 아직 10대가 돈을 벌어 생활할 수 있는 환경은 아닌 거죠. 그렇지만 쓰임새를 결정할 수는 있다고 생각해요. 그리고 그걸 자꾸 연습해야 돈에 대한 관념이 바로 잡힙니다.

우리는 자꾸 보이는 것만 보고 판단해요. 그렇죠? 어떤 사람이 직업이 의사여서 소득이 한 달에 1,000만 원이다, 그러면 우와, 이러잖아요. 어떤 사람이 환경 운동을 하는데 소득이 한 달에, 예를 들어 200만 원이다, 그러면 이 중 누가 더 행복할 것 같아요? 물론 많은 사람이 의사라고 생각하겠죠? 하지만 그건 오해예요. 겉으로 보이는 것만 가지고 판단할 수 없는 게 많거든요.

우리가 사는 사회는 겉으로 보이는 것만 가지고 판단하는 사회입니다. 그러다 보면 불행해져요. 여러분이 나중에 사회에 나가서 한 달에 200만 원을 벌게 됩니다. 그러면 어떤 생각이 들까요? 어딘가에 있을 한 달에 1,000만 원씩 버는 의사를 상상하며 불행하다는 생각을 하겠죠. 하지만 그 사람이 불행한 이유는 돈을 적게 벌어서가 아니라, 바로 '비교' 때문입니다.

소득만으로 모든 걸 평가할 수 없다는 사실을 알면 비교로부터 자유로워져요. 그리고 주관적인 가치를 중심으로 판단하기 시작합니다. 나한테 그게 중요하냐, 나한테 1,000만 원이란 돈이 필요하냐, 나한테 200만 원이란 돈이 부족하냐? 이걸로 판단합니다.

돈의 문제는 가치의 문제

처음엔 제 아이도 그랬습니다. 누구는 얼마 받고 누구는 어떤 옷을 입고……. 그러다 용돈을 스스로 결정해서 쓰면서부터 달라졌습니다. 지금도 제 아이는 나이키니 뭐니 하는 브랜드를 잘 몰라요. 관심이 없는 거예요. 그냥 자기 필요에 따라 돈을 쓰면서 그 자체에 만족했거든요. 자기는 원하는 걸 계획을 세워서 가지니까 즐거운 거예요. 다른 애들이 어떤 브랜드 옷을 입었다더라. 제 아이는 그런 걸 생각할 틈이 없어요.

처음에는 뭐 살 거야? 하고 물으면 바지도 좀 사야겠고, 웃웃도 좀 사야겠다고 그래요. 하지만 막상 매장에 가면 어때요? 10만 원으로 몇 벌 못 사잖아요. 그다음부터 어떻게 했냐면, 옷을 사러 갈 때 계획을 세웁니다. 자기를 분석하는 거예요. 내가 어떤 스타일을 좋아하는지, 어떤 패턴으로 옷을 입는지를 생각하는 거죠.

돈의 문제는 가치의 문제예요. 내 삶의 가치, 내가 좋아하는 거, 내가 추구하는 것, 중요한 건 그거예요. 물론 객관적으로 반드시 충족해야 하는 것도 있습니다. 준비물도 사야 하고, 필요한 책을 사야 하고, 필기구를 사야 하고……. 하지만 이것들이 다 채워지면 내가 재량껏 돈을 써야 하잖아요. 내 마음대로 돈을 쓰려면 내가 도대체 무엇을 좋아하는지, 가치 판단이 필요해집니다.

제 아이의 경우 인터넷이나 TV를 통해서도 정보를 얻더라고요. 신중하게 생각해요. 제한된 돈은 10만 원이에요. 자기가 3개월 동안 모을 수 있는 최대한의 돈이 그래요. 그걸로 옷을 사야 하니까 자기 스타일도 생각하고, 자기는 청바지를 좋아하지만 그렇다고 해서 그것만 여러 벌 있으면 낭비, 그러면서 청바지가 이미 두 벌 정도 있으니 다른 바지를 하나쯤 사야겠다, 근데 너무 튀는 색깔을 사지 말자. 이런 여러 가지 계획을 세우는 거예요.

언젠가는 자기는 티셔츠보다는 남방이 좋다며 그걸 연구해요. 그래서 조언을 해 줬죠. 이미 가진 옷들을 살펴봐야 실패를 안 한다. 있는 옷을 또 사면 아깝잖아. 그러면 다른 옷을 살 수 있는 기회비용을 잃는 거니까. 그랬더니 옷장 정리를 합니다. 옷장에 걸린 옷을 분류해요. 자기가 어떤 옷을 가졌는지 확인합니다. 스타일대로, 계절별로 섞어도 보고 나눠도 보고…….

옷이란 게 그렇잖아요. 그거 하나만 갖고 따질 수 없잖아요. 웃옷이 아주 예뻐서 샀는데 바지랑 안 어울려요. 그럴 수 있죠? 그래서 자기가 뭘 소유하고 있는지를 자꾸 생각해요. 그러다 보면 내가 가진 것에 대한 애정이 생겨요.

지금 세상은 사람들을 소외시킵니다. 내 삶의 기준이 내가 아닌, TV에 나오는 연예인들이 되죠. TV나 영화에 나오는 사람들 어때요? 굉장히 잘 입고 나오죠. 게다가 부자이기까지 한 그런 사람들이 지금의 자기와 비교됩니다. 나는 게네들처럼 몸매가 예쁘지도 않고, 얼굴도 예쁘지도 않고……. 모든 면에서 부족한 자기는 불행해지는 거예요.

18, 19세기 때만 해도 기업은 사람들의 필요를 분석해서 제품을 생산했어요. 그리고 그 제품이 왜 필요한지 홍보했습니다. 그런데 점점 생산 능력이 발전하고, 마케팅 기술이 발전하면서 기업은 사람들의 선호選好를 분석했어요. 지금은 어떤지 아세요? 더 발전했어요. 지금은 기업이 직접 욕구를 창출하거든요. 그래서 사람들은 이제 자기 내면에서 나온 진짜 욕구가 아니라 누군가에 의해 만들어진 욕구로 물건을 삽니다.

이런 상황에서는 사람이 끊임없이 소비자로 대상화될 수밖에 없기에, 어릴 때부터 바르게 의사 결정을 하는 연습이 필요합니다. 용돈 잘 쓰기는 단지 절약을 배운다는 의미가 아니에요. 돈이란 게 어차피 제한적이기 때문에 그 안에서 최상의 의사 결정을 해야 합니다. 그러려면 내 안의 필요와 욕구를 잘 분석해야 해요. 이게 중요합니다.

부자병에 걸린 사람들

여기서 아까 여러분께 드렸던 질문, 한 달에 1,000만 원 버는 의사가 행복할까, 200만 원 버는 환경 운동가가 행복할까에 대한 답을 찾아가 보죠.

200만 원 버는 환경 운동가가 행복할 가능성이 훨씬 큽니다. 실제 제가 상담을 통해 만나 본 사람들 중에는 소득은 적은데 자산 상태가 좋은 경우가 많았어요. 통계적으로도 상위 3퍼센트에 속하는 부자를 제외하고, 나머지 10퍼센트 안에 드는 상위 소득자들의 재정 상태가 그리 좋지 않아요. 한 달에 1,000만 원 벌어서 빚 갚기 바빠요. 그러다 어느 순간 돌아보면 재량 소득*이 얼마 안 돼요. 엉뚱한 데 다 쓰는 거예요.

이제 그 이유를 하나씩 살펴보겠습니다. 우리나라 사람들이 가장 큰 비용을 지출하는 곳이 어디입니까? 그렇죠, 바로 '집'입니다. 요즘 집값이 얼만지 알아요? 서울에서 20년 된 소형 아파트 한 채가 3억 정도 하니까, 굉장히 비싸죠. 집 살 돈이 부족하니까 어떻게 해요? 은행에서 빌리죠. 그래서 많으면 한 달에 100만 원씩 이자로 나갑니다. 한 달에 100만 원이면 아주 큰 돈이에요. 그래서 제가 한번 사람들에게 물어봤습니다. "집 사려고 빌린 돈 2억 원으로 다른 일을 할 수 있다면 어디에 쓰고 싶으세요." 하고 말이죠. 그랬더니, "크루즈

---

*가처분 소득에서 생활비, 저축을 제외한 소득.

여행 해 보고 싶어요, 대학원 가고 싶어요, 배낭여행 떠나고 싶어요, 직장 사표 내고 한 6개월 늘어지게 쉬고 싶어요." 합니다.

사실 집 안 사고 그렇게 하면 되는 거 아니에요? 근데 다들 집부터 사잖아요. 늘어지게 책도 보고, 히말라야도 한번 올라갔다 와 보고, 인도도 한 달쯤 푹 갔다 오고 싶은 꿈들은 많은데 그걸 포기하고 집을 사요. 그런데 아파트가 그렇게까지 가치가 있느냐 하고 물으면 모두가 아니라고 해요.

이해가 되세요? 여러분 같으면 어떻게 할 것 같아요? 그냥 집 사요? (웃음) 헷갈리죠? 아직도 많은 사람이 집부터 삽니다. 그게 '재테크'니까. 한마디로 집을 사면 집값이 올라서 돈을 벌 수 있다는 환상을 갖고 있어요. 그런데 실제로 돈을 벌 수 있을까요?

돈을 벌려면 집값이 올랐을 때 팔아야 하잖아요. 그런데 집을 팔면 어디서 살아요? 또 다른 집을 산다. 좋아요. 그런데 집값은 계속 오릅니다. 그러면 또 팔고 다른 집 사고……. 그럼 돈은 언제 벌어요? 언제 돈 써요? 그런데 쓸 돈은 있나요? 월급은 집 사는데 다 썼잖아요. 게다가 한 달에 꼬박꼬박 내야 하는 이자도 만만치 않고. 헷갈리죠? (웃음)

우리가 그동안 병에 걸렸었던 거예요. 착각이죠. 1억짜리 집이 2억이 되면 돈 벌었다고 주위에서 부러워합니다. 그런데 따져 보면 그렇지가 않아요. 통장에 그만큼 돈이 들어왔나요? 아니잖아요. 집을 팔고 대금을 받기 전까지는 아무것도 아닙니다. 그냥 집값이 올랐을 뿐이에요. 집을 팔면 되나요? 하지만 쉬운 일이 아닙니다. 왜냐하면 지금 당장은 어디에서든 살아야 하니까요. 게다가 이사 다니기도 힘들잖아요. 이런 걸 모두 무시하고, 당장 큰 부자가 된 것처럼 착각하게 하는 우리나라 언론은 아주 나빠요. 나쁜 책도 많아요. 어떤 책은 이렇게 말해요. "통장을 다 털어서 인생을 걸고 집을 사라." "20대에 재테크에 미쳐라."

전문가라는 사람들은 방송에 나와서 일종의 마법을 겁니다. 돈 벌어서 부자 되라. 그러려면 집 사라, 투자해라……. 그래서 많은 사람들이 열심히 일해서 번 돈을 부동산 투자하느라 빌린 돈 이자 갚는 데 쓰고 있습니다. 그 이자 때문에 여유 있는 생활도 전부 포기한 채 말이죠.

일부의 사람들이 전문가 행세를 하고 다니며 나쁜 병을 유포시킨 거예요. 미국의 심리학자들은 그 병을 일컬어서 '어플루엔자 affluenza'•라고 합니다. 일명 '부자병'이죠. 실제로 사회심리학에서는 이를 일종의 사회 병리 현상으로 분류합니다. 미국에는 이 병에 걸린 사람들이 너무나 많다고 해요. 그들은 끝도 없이 큰돈이 필요하고, 돈을 벌어야 할 것 같고, 돈을 불려야 할 것 같고, 통장에 돈이 들어 있어도 불안해해요. 미국뿐만이 아닙니다. 부자병은 21세기에 들어서 우리나라뿐만 아니라 전 세계를 휩쓴 질병이라고 생각하시면 돼요.

•풍요를 뜻하는 'affluece'와 유행성 독감을 뜻하는 'influenza'의 합성어.

돈의 함정

사람이 살아가는 데에는 질서가 필요합니다. 그래서 도로에 횡단보도와 신호등을 세우고, 안전벨트, 헬멧도 강제로 착용하게 하고 그러잖아요. 사고로부터 생명을 지키기 위한 사회적 약속입니다. 상식이죠.

그런데 어떤 경제학은 이런 걸 거추장스러워합니다. 이런 경제학을 신봉하는 사람들은 돈이 되면 뭐든지 허용해야 한다, 경제가 성장하는 데 필요한 엔진은 다 가동시켜야 한다고 말합니다. 예컨대 돈 버는 데 방해가 된다면 안전벨트나 헬멧 같은 것도 필요가 없다, 개인의 자유에 맡겨야 한다고 말입니다. 자기가 조심하면 되지 왜 법으로 규제를 하느냐는 거죠. 오히려 위반시 개인에게 벌금을 물리는 건 국가가 도둑질하는 것이라고까지 말합니다. 이게 미국식 자본주의예요. 우리나라는 조금 덜했지만, 언젠가부터 각종 부동산 규제가 풀리고 통장 털어서 집 사라고 떠드는 사람이 TV에 나오는 이상한 현상이 벌어졌습니다.

어쨌든 중요한 건, 집으로 돈 벌려고 하면 안 된다는 거예요. 재테크라는 게 뭐예요. 엄밀하게 따지면, 싸게 집 사서 비싸게 팔아 돈 버는 겁니다. 그렇죠? 그런데 그건 목적과 수단이 전도된 거잖아요. 그렇게 해서 돈 벌면 뭐하죠? 집은 돈 버는 수단이 아니라 사람이 사는 곳입니다.

여러분, 돈이 뭡니까? 권력이 아닙니다. 아무것도 아니에요. 돈은 그냥 쓰는 거예요. 물건을 교환하기 위한 수단이에요. 역사를 거슬러 올라가면, 오래전 사람들은 필요한 물건을 서로 나누었잖아요. 그러다 뭘 하기 시작합니까? 이런 물물 교환 방식이 불편하니까 화폐가 나오는 거 아니에요. 그런데 애초에 왜 물물 교환을 했어요? 내가 가진 게 남으니까. 근데 다른 사람이 가진 걸 갖고 싶으니까. 그렇죠? 그래서 서로 교환을 한 겁니다. 나에게 남는 걸 주는데, 그냥 줄 수는 없고 대신 필요한 물건을 받는 거죠.

애초에 돈은 교환을 편리하게 하기 위한 수단이었어요. 그래서 돈은 써야 합니다. 흔히 돈을 쓰지 말고 저축하라고 하죠. 저축 자체가 목적이 되기도 했고요. 하지만 그건 엄밀하게 말하면 잘못된 것입니다. 저축해서 모은 돈은 반드시 필요에 따라 써야 합니다.

보통 사람들은 만기가 돌아와 예금해 둔 돈을 타면, 쓰기 아까워해요. 그렇죠? 여러분 수중에 그동안 모은 돈에 이자가 붙어 20만 원이 생겼어요. 그러면 어때요? 쓰고 싶지 않죠? 원래는 MP3도 사고 뭐도 사야지, 하면서 모았던 돈이에요. 그런데 돈이 눈앞에 보이니 그게 꼭 필요한가? 그렇게 생각하게 돼요. 좀 더 신중하게 생각해 보니 MP3보다 다른 게 나을 거 같아요. 그러면 바꿀 수는 있어요. 하지만 단지 아까운 마음에 쓰지 못하면 안 돼요. 그럼 목적과 수단이 뒤바뀌는 현상이 생깁니다. 돈을 아까워서 못 쓰다 보면 나중엔 돈에 대한 욕심이 생겨요. 거기서부터 돈의 함정이 시작됩니다.

이와 관련해서 다시 집 얘기를 해 보겠습니다. 어떤 분은 3억에 산 집이 10억이 됐대요. 그럼 주변 반응이 어때요? 다들 부러워하죠. 하지만 정말 그 집주인의 삶도 그만큼 행복해질까요? 그렇지 않습니다. 달라지는 건 세금뿐일지도 몰라요. 그 집값이 10억이 아니라 100억이 됐다 해도 팔아서 돈을 받지 않으면 소용없습니다. 하지만 보통 어때요. 더 오를 때까지 기다리죠. 팔았다고 해도 쓰지 않고 더 큰돈을 만들겠다고 모아 둡니다.

많은 사람이 이렇게 나중을 생각하면서 계속 벌기만 하고 있어요. 심지어 더 오를 때 팔겠다면서 부채 이자는 계속 부담합니다. 결국 자산은 많은데 쓸 돈이 없어 괴롭죠. 그러다 보면 인생이 비참해지고 돈 버는 노예로 전락하게 됩니다. 원래 돈을 벌려는 이유가 행복해지기 위해서잖아요. 그렇다면 열심히 일해서 돈 벌고, 번 돈은 우리가 가장 행복해지는 방식으로 잘 쓰면 되겠죠.

여러분, 남들이 말하는 행복하고 내가 느끼는 행복하고 어떤 게 더 중요해요? 당연히 내가 느끼는 행복이 중요하죠. 예를 들어 어떤 친구가 가방을 들고 와 자랑을 합니다. 그런데 내가 보기에는 별로예요. 만약 그 친구가 자기가 보기에 멋지니까 너도 사야 한다고 하면 기분이 어떻겠어요? 어이없겠죠. 하지만 지금 우리가 사는 세상이 그렇습니다. 다른 사람들이 세워 놓은 기준에 따라 생각하고 판단해요. 어느 순간부터는 아예 그 가방이 나한테 좋은지 안 좋은지 판단조차 안 합니다. 광고에서 "이게 멋진 거야!" 그러면 왠지 믿어야 할 것 같아요.

그렇게 된 게 지금의 소비 사회입니다. 우리가 원하는 대로 판단하지 못해요. 조작된 욕망으로 판단하고 두려워합니다. 그렇게 살지 않으면 나만 뒤처질 거라는 두려움을 가져요.

집만 해도 그렇습니다. 우리나라 가계 부채가 굉장히 심각해요. 우리나라 사람들이 1년간 뼈빠지게 일해서 버는 돈이 1,000조예요. 그런데 가계 부채가 900조이니 1년 내내 일한 돈의 90퍼센트가 빚인 셈입니다. 이 중 상당 부분이 집 사는 데 들어간 돈입니다. 아까 자칭 전문가가 방송에 나와서 통장 털어서 재테크해야 돈 번다고 했지만 그랬더니 어때요? 더 벌기는커녕 모두가 빚더미에 앉은 거예요.

돈이 그렇게 무서워요. 욕심 내기 시작하면 돈은 순식간에 행복을 잡아먹어요. 어느 순간부터 나는 없고 돈만 남는 거죠. 제가 여러분께 용돈 쓰기에도 연습이 필요하다고 강조하는 이유도 바로 이 점 때문입니다. 돈의 함정에 걸려들면 불행해지거든요.

행복과 연봉의 상관관계

그럼 이제부터는 '소득'에 대해 이야기해 볼까요.

아까 의사와 환경 운동가를 예로 들어 눈에 보이는 소득만 가지고 판단하면 안 된다고 했죠. 이것은 여러분 진로를 결정할 때도 마찬가지예요. 학교를 졸업하거나 진학을 해서 나중에 뭐가 되겠다, 이런 생각 다들 하죠. 그런 걸 결정할 때 소득의 크기, 그 직업군의 연봉만 놓고 볼 게 아니라는 겁니다. 아까도 잠시 얘기했지만 가처분 소득이 사람마다 다르기 때문이에요.

가처분 소득은 진짜 '내가 쓸 수 있는 돈'이에요. 제 아이가 용돈을 받았을 때 핸드폰 요금이나 교재비처럼 반드시 써야 할 돈을 빼고 나면, 실제로 다른 활동을 할 수 있는 여분 즉, 간식 사 먹고 영화 볼 돈이 남습니다. 바로 제 아이의 가처분 소득인데요, 이게 다른 친구에 비해 클 수도 있고 작을 수도 있어요. 마찬가지로 직업에 따라서도 다릅니다. 사람 성향에 따라서도 달라요. 돈의 함정에 빠진 사람일수록 가처분 소득은 낮아요.

소득이 높을수록 주변과 비교하는 일이 잦습니다. '이 정도는 해야 한다'는 생각 때문에 빚을 내서 집을 사고 값비싼 외제 차를 삽니다. 제가 상담한 의사 중에 다음과 같은 하소연을 하는 분도 있어요. 돈은 내가 벌지만 쓰는 건 남들 때문이다. 오랜만에 동창회에 나가면 사람들이 말한다. 너는 의사씩이나 되어서 왜 소형차냐? 그래서 마음 놓고 소형차도 못 탄다는 거예요. 외제 차 안 타면 안 되는 것처럼 말한답니다. 주변의 시선을 의식해서 외제 차를 뽑고, 평수를 늘려 가는 동안 빚도 늘었다고 합니다. 어느 날 정신 차리고 보니까 빚만 몇 억이 있더라, 그동안 번 돈은 빚 갚는 데 얼마 쓰고, 아이들 사교육비 얼마 쓰고, 그랬더니 실제로 자기가 쓸 수 있는 돈이 얼마 안 되더라 하는 게 그분 얘기였어요.

더 무서운 게 뭡니까? 그분이 쓴 돈이 다 고정 지출이잖아요. 즉, 이자 비용 등을 포함해서 매달 들어가는 돈만큼을 반드시 벌어야 합니다. 그런데 죽을 때까지 매달 1,000만 원을 벌 수 있는 의사가 우리나라에 몇 명이나 있겠습니까? 한때 그렇게 버는 거죠. 어떤 직업에 종사하건 평생 편하게 많은 돈을 버는 사람은 없습니다. 그렇죠?

어떤 의사는 그렇습니다. 아침에 눈 떠서 한숨부터 나오는 게, 그 돈 벌려면 오늘도 130명의 환자를 봐야 하는구나 하는 생각밖에 안 든다고 말이죠. 눈에 보이는 게 다가 아닙니다.

혹시 치과 가 보셨나요. 치과 선생님들 편하게 일하던가요? 아니죠. 굉장히 힘들게 일하잖아요. 그래도 본인을 위해 쓰는 돈이 별로 없어요. 집, 사교육, 그리고 차가 돈을 쓰죠. 물론 동창생이 한마디 하겠죠. "와, 차 좋은데!" 하지만 그게 사람을 근본적으로 행복하게 해 주는 건 아니잖아요. 우리나라 직업군 중에 불행지수 1등이 뭔지 아세요? 치과 의사랍니다. 치과 의사가 스스로 가장 불행하게 느낀대요.

병원 문을 닫고 쉬고 싶어도 그럴 수가 없답니다. 소득이 높다는 건 그 사람이 하는 일의 경제적 가치가 높다는 말이죠. 그래서 같이 한 시간을 쉬어도 시간당 소득이 많은 고소득자가 더 많은 돈을 잃습니다. 그래서 병원 문을 못 닫는 거예요. 이렇듯 소득이 높을수록 함정이 훨씬 많아요. 그래서 세상의 모든 부자는, 알고 보면 자기가 소유한 것들의 관리인에 지나지 않는다는 말도 있어요.

상담을 하다 보면 자기 가치관이 뚜렷한 분들이 있어요. 예를 들면, 환경 운동을 하시는 분들 같은 경우죠. 이런 분들은 소득이 높지 않아도 행복을 느낍니다. 전기를 펑펑 쓰면 자원을 낭비하게 되고, 자동차 수를 줄이지 않으면 대기 오염이 심각해져서 오존층이 파괴되고 그러면 후세의 아이들이 위험에 처하게 되고……, 하는 생각을 하잖습니까? 그렇게 공동의 미래를 위해 노력하는 삶과, 동창생이 해주는 "야, 차 좋은데." 하는 한마디를 들으려고 쉼 없이 일해야 하는 삶 중 어떤 게 더 행복할까요? 심리학자들이 말하기를 사람이 행복해지려면 자기 삶을 주도하고 존중받고 있다는 느낌을 받아야 한다고 합니다.

가치관이 뚜렷하면 소비도 적습니다. 환경에 대해 고민하는 사람은 유해 물질이 많은 전자 제품을 덜 쓰고, 수돗물을 아끼니 생활비가 덜 듭니다. 그러니 저축도 많이 해요. 저축을 하면 어느 순간 그 돈으로 하고 싶은 거 제대로 하게 됩니다.

이렇게 실제로 상담을 하다 보면 행복의 기준이라는 게 절대, 돈의 액수에 의해서 결정되지 않는다는 걸 확인하게 됩니다. 통계도 이러한 사실을 뒷받침해 줍니다. 연봉 가지고 직업을 선택하면 안 되는 이유입니다. 내가 어떻게 하면 행복해질까, 이게 기준이 되어야 해요. 그러려면 내가 어떨 때 행복하고 만족스러운지를 잘 알아야 합니다.

가치 기준에 따라 행복도 달라진다

제가 앞에서 여러분에게 강조한 용돈 설계가 자기를 이해하는 데 도움이 됩니다.

용돈이라는 게 어차피 제한된 돈이잖아요. 어떤 친구가 가진 돈이 3,000원인데 그중 1,000원으로 무엇을 할지 고민합니다. 그림 그리는 연필을 살까, 아니면 아이스크림을 사 먹을까? 쉽지 않은 결정이 겠죠. 어떤 게 더 나은지 비교해야 해요. 처음에는 즉흥적으로 아이스크림을 사 먹었어요. 그랬더니 연필을 못 사요. 아이스크림을 먹고 잠깐 기분이 좋았지만, 대신 그림을 못 그려요. 이 친구는 스트레스를 받습니다. 그래서 그다음에는 바꿔서 해 봤어요. 연필을 사고 아이스크림은 포기했죠. 그랬더니 즐거움이 더 큽니다. 아이스크림 맛은 오래 안 가잖아요. 이 친구가 생각합니다. '아, 이게 낫구나.' 그리곤 자부심을 느끼죠. '아이스크림의 달콤한 유혹을 이기고 더 중요하다고 생각하는 연필을 샀다.' 훌륭한 결정을 했으니 자부심을 느끼는게 마땅합니다.

평상시에 이런 연습을 많이 할 필요가 있습니다. 여러분 내면의 욕구를 발견할 필요가 있는 거죠. 사실은 어른들이 더 필요합니다. 여러분 부모 세대는 '아파트 살 돈으로 내가 하고 싶었던 일을 할 수도 있구나' 라는 생각을 해 본 적이 없어요. 문제는 거기에 있습니다. 생각한 적도 없는 일을 실행할 수는 없어요.

우리나라 교육이 그렇게 만듭니다. 내가 좋아하는 게 뭔지 생각할 틈을 안 줘요. 만날 해야 할 과제만 내주니까 실제 내가 이걸 왜 하는지, 내가 어떤 걸 했을 때 행복한지 생각을 못 해요. 학교가 가르쳐 주지 않으면 우리 스스로 깨우치는 수밖에 없습니다. 내가 뭘 좋아하는지, 언제 기쁜지, 자꾸 생각을 해야 해요.

자신의 욕구를 발견하는 것도 연습이 필요하고 시행착오가 있습니다. 내가 음악 듣는 걸 좋아하는 줄 알았는데 막상 MP3를 사니까 잘 안 듣더라, 이러면서 깨닫는 거죠.

제 아이가 어느 날 홍대 앞에 가서 옷을 잔뜩 사 왔어요. 그리고는 "엄마, 내가 산 옷 좀 봐봐." 해서 봤는데 옷이 좀 독특했습니다. 저는 "이거 새 옷이야?" 그러고 말았는데, 불량품이었는지 한두 번 빠니까 못 입게 되었어요. 덕분에 제 아이는 어렵게 모은 돈을 모두 날리고 말았습니다. 아이로서는 눈물 나는 일이죠. 하지만 이 일을 통해 제 아이가 얻은 게 있습니다. '유행만 따르다가는 안 되겠구나. 예뻐 보이기에 샀는데 막상 써 보니 만족스럽지 않더라.' 이런 시행착오를 거치면서 '다음부터는 옷을 신중하게 사야겠구나.' 하는 걸 배운 거죠.

어려서부터 자기가 좋아하는 것을 잘 파악하지 못하면 어른이 돼서도 고생합니다. 힘들게 돈을 벌어서 내가 좋아하는 데 쓰는 게 아니라, 세상의 기준에 맞춰서 쓰다 보니 빚을 내서라도 집을 사는 일이 생기는 거죠. 요즘 나오는 '하우스 푸어' 혹은 '아파트 노예'라는 말이 바로 이런 현상들을 가리킵니다.

여러분은 어떨 거 같아요? 여러분이 성인이라 치고, 한 달 동안 열심히 일해서 200만 원을 벌었어요. 근데 쓸 데는 많습니다. 식비, 주거비, 교통비, 문화생활비, 생활용품비……. 이런 것들을 다 제하고 나면 어때요? 부족하죠. 여행도 가고 싶고 아이폰도 사고 싶지만 안 됩니다. 이럴 때 뭐가 필요해요? 네, 저축이 필요하죠. 앞으로 쓸 돈을 모으는 겁니다. 다시 한 번 말씀드리지만, 저축은 쓰려고 하는 겁니다. '자산'을 불리려고 하는 게 아니에요.

여러분은 돈을 벌려고 한 달을 부지런히 일합니다. 아침에 지각 안 하려고 부지런히 일어나고 출근해서는 선배들, 상사들 잔소리도 들어가면서 일해요. 치과 의사라면 어떨까요. 하루 종일 허리 굽히고 앉아서 남의 입속 들여다보면서, 쉬고 싶은 날도 쉬지 못하면서 한 달을 보냅니다. 물론 보람도 있지만, 한편으로는 육체적으로 힘들고 피곤한 일이죠.

제가 아는 어떤 분은 대기업 홍보팀에서 일합니다. 멋져 보이죠. TV에는 그런 사람들 다 좋은 차 타고, 좋은 옷 입고 그러잖아요. 하지만 현실은 그렇지 않아요. 우리나라 미디어는 현실을 너무 왜곡합니다. 그렇게 우아하게 돈 버는 사람은 많지 않습니다. 어느 날 이분이 홍보물을 결재받으러 갔는데 상사가 그 자리에서 박박 찢어 얼굴에 팍 날리더랍니다. 그걸 홍보물이라고 만들었냐는 거죠. 기분이 어떻겠어요. '더러워서 그만둬야지!' 라는 생각이 들지 않겠어요? 아니나 다를까 이분도 '정말 회사 가기 싫다. 확 사표 내 버릴까……' 라고 생각했답니다. 그래도 다음날 아침 일곱 시 땡 하고 알람이 울리니까 '오늘 지각하겠다.' 그러면서 뛰어갔다는 거예요. 그렇게 번 돈인데, 월급날 남는 돈이 없어요. 그러면 기분이 어떨 거 같아요?

결국은 빚이 문제입니다. 지금 우리 사회를 보면 어때요. 벌고 모아서 쓰는 게 아니라, 먼저 쓰고 그다음에 벌죠. 그러면 어떻게 됩니까? 돈을 갚으려고 일해야 하는 일이 생깁니다. 미국의 경제학자 폴 크루그먼은 이런 걸 보고 '채무 노예' 라고 했습니다.

노예도 그냥 노예가 아니죠. 한두 군데 묶인 신세가 아닙니다. 집에 딸린 빚을 갚으려고, 그리고 신용 카드와 각종 공과금을 결제하기 위해서 살아야 하는 노예……. 너무 우울해지나요? 이렇게 살지 말자고 하는 말입니다. 실제로 이렇게 살지 않아도 됩니다. 조금만 노력하고 생각을 바꾸면 돼요. 조금 다르게 살면 됩니다. 남들 무조건 쫓아가지 않으면 돼요. 무조건 안 쫓아가는 게 아니고, 내 안에 가치 기준이 있으면 됩니다.

하지만 현실에는 그렇지 못한 사람들이 많습니다. 우리나라 직장인들 잔고는 월급 받은 지 평균 3일 안에 바닥나 버려요. 4일째부터는 신용 카드 없이는 생활이 안 됩니다. 그러니까 직장에서 모욕을 당해도 못 그만두는 것이죠. 아, 진짜 이 직업은 나한테 맞지 않아. 그러니까 그만두고 새로운 진로를 한번 알아봐야겠어. 6개월 정도 좀 쉬어 보자. 머리도 식힐 겸 잠깐 배낭여행도 다녀오고……. 생각은 그렇지만 쉽지 않습니다. 아니, 카드 값을 떠올리는 순간 절대 불가능해지죠.

무엇보다 무서운 건 은행 빚입니다. 이거는 해결이 안 돼요. 신용카드 빚도 마찬가지입니다. 이런 것들에 한번 걸려들면 평생이 힘들어집니다. 제가 무섭다고 말한 이유는 멀쩡하게 잘 살던 사람도 한순간에 걸려든다는 겁니다. 시작은 소박합니다. 남들만큼은 해야겠다는 생각에 조금씩 따라가다 보면 어느 순간 거짓말 같은 상황에 빠지게 되는 거죠.

'남들만큼은 해야겠다는 생각.' 심리학에서는 이걸 '동조 현상'으로 설명합니다. 이와 관련해서 심리학자들이 다음과 같은 실험을 했어요. A와 B 두 개의 선을 보여 주고 참가자에게 어떤 게 더 긴지 묻습니다. 참가자는 총 10명이지만 1명을 제외한 나머지는 심리학자들과 짜고 정답을 B라고 말합니다. 실제로는 A가 더 길죠. 자, 그러면 순수한 참가자인 한 명은 뭐라고 할 것 같아요. 10회 중에 40퍼센트가 B라고 동조를 하더라는 거예요. 다른 참가자 9명이 모두 B라고 하니까, 헷갈리는 거예요. 어? 이상하다. 뭐가 잘못됐지? 내가 혹시 질문을 잘못 이해했나? 혹은 질문에 다른 의도가 있나? 이런 생각을 하면서 누가 봐도 명백한 오답을 말합니다. 40퍼센트의 참가자가 이렇게 자기 생각과 다른 의견을 말합니다. 나머지 60퍼센트만 줏대 있게 A라고 답했죠.

심리학자들이 이들 60퍼센트의 참가자들 뇌파를 검사해 봤습니다. 그랬더니 뇌의 편도체 활동이 증가했더랍니다. 뇌의 편도체는 사람이 공포심을 느낄 때 활동이 증가한다고 합니다. 줏대 있게 답은 했는데 공포심을 느꼈다는 거예요. 이게 심리학에서 얘기하는 동조 현상입니다. 스스로 가치 판단을 해야 하는데, 그러지 못하고 주변을 따라갑니다. 그러다 보면 어느 순간 말이 안 되는 상황이 되는 겁니다. 너무 불행하지 않습니까?

행복은 결핍에서 온다

이런 얘기 듣고 나니까 정말 용돈을 합리적으로 써야겠구나 하는 생각이 드세요? 그래도 안 드세요? (웃음) 연습을 자주 해야 합니다. 요즘 유행하는 아이폰, 다들 아시죠? 사람들은 그래요, 이걸 사니까 너무 행복하다고. 자기가 다른 통신사 10년 VIP 고객이었는데, 아이폰 때문에 과감히 번호 이동을 했다는 사람도 보았습니다.

만약 여러분이 이걸 산다고 가정해 볼게요. 어떤 방법이 있나요? 현금이 없다면 조금 무리를 해서 신용 카드 결제를 할 수도 있습니다.

다른 방법도 있습니다. 바로 적금을 이용하는 것입니다. 적금은 아주 큰돈, 예컨대 집 사는 데 쓸 돈을 모으는 데만 이용하는 줄 압니다. 하지만 아이폰도 적금으로 살 수 있어요. 누가 뭐라고 안 합니다. 자, 이랬을 때 두 방법의 차이는 뭘까요?

신용 카드는 지갑에서 꺼내는 순간 바로 욕구를 실현해 줍니다. 짜릿하죠. 그러나 심리학에서는 욕구를 충동적으로 실현할 때 발생하는 문제를 지적합니다. 바로 '쾌락 적응 현상'이라는 것인데, 새것이 생겼을 때 혹은 환경이 변했을 때 찾아오는 만족감이 한시적이라는 겁니다. 여러분, 새 옷 사면 어때요? 행복하죠? 근데 그게 며칠 가나요? 3일요? 새 가방이 생기면요? 아이폰이 생기면 며칠 동안이나 행복할까요?

추운 데 있다가 따뜻한 데 들어오면 행복하죠. 근데 따뜻한 데 계속 있으면 어때요? 계속 행복한가요? 아니죠. 행복감도 잠시, 곧 별다른 느낌이 없어집니다. 그래서 심리학자들은 말합니다. 행복이라는 것은 불편이 제거되면서 생기는 감정이라는 거예요. 불편이 편리로 바뀔 때, 없었던 물건이 생겼을 때, 그러니까 결핍이 충족되었을 때 발생하는 감정이 바로 행복이라는 겁니다.

　요즘 새 연필이 생겼다고 행복해할 사람이 있을까요? 여러분은 누가 새 연필 주면 행복하세요? 오히려 동정하는 거 같아 기분 나쁘잖아요. 누구나 쉽게 구할 수 있는 물건이라 그렇습니다. 예전이라면 사정은 달라져요. 제가 어렸을 때만 해도 연필은 무척 귀했습니다. 당연히 새 연필을 구하면 행복했죠. 예전에 부모님들이 학교생활을 할 때는 지금 여러분처럼 학용품이 많지 않았습니다. 그래서 몽당연필을 쓰고, 풀은 밥알로 대신했죠. 연필깎이도 없어서 칼로 깎았습니다. 그래서 애들끼리 누가 더 연필을 매끈하게 잘 깎았나를 비교하고 그랬습니다. 재미있었죠. 그런 식으로 결핍을 대체했습니다. 부모님 세대는 물질적 결핍을 창의적인 방식으로 극복했습니다. 게임기나 장난감이 없었기에 하루 종일 밖에 나가서 놀았어요. 무척 행복했습니다. 지루할 틈이 없었죠.

　『모모』라는 책 읽어 보셨어요? 거기에 보면 모모에게 어느 날 인형이 하나 생기죠. 꾹 눌렀더니 뭐라 그래요? "안녕? 난 비비걸이야. 나를 갖고 있는 너를 보면 모든 애들이 부러워할 거야." 신기해서 또 눌러 보니 "안녕? 난 비비걸이야……." 하면서 똑같은 얘기를 반복합니다. 모모는 지루해지죠. 장난감은 지루합니다. 창의적이지 못해요. 차라리 돌멩이하고 대화하는 게 낫다고 생각하죠. 그러니까 예전이 훨씬 즐거웠던 거예요. 오히려 결핍했기 때문에 행복했는데, 지금의 아이들은 오히려 그러기가 어려워졌습니다. 왜 그렇죠? 늘 충족된 상태고, 늘 만족한 상태이기 때문에, 불편하지 않은 상태이기 때문에 행복감을 느끼는 게 어렵습니다.

"우리 어릴 때는 어렵게 살았는데, 너희는 이렇게 풍족한데도 왜 감사한 줄 모르니." 하고 부모님들이 말씀하신 적은 없나요? 사실 그거는 잘못된 얘기예요. 감사할 줄 모르는 게 당연한 겁니다. 죄책감을 가질 필요가 없어요. 처음부터 그랬는데 뭘 감사해야 하나요? 오히려 풍요로움과 편리함 때문에 행복감을 느끼기 어렵다는 측면에서 부모님이 죄책감을 가져야 합니다.

아이폰을 사는 두 가지 방법

소비에서도 이 '쾌락적응' 현상이 위력을 발휘합니다. 새 물건을 사도 잠시만 행복하니까요. 처음에는 아이폰을 샀다는 사실만으로도 기뻤죠? 친구들이 안 가진 걸 갖고 있으니까 뿌듯합니다. 그다음은 어때요. 다른 친구들도 하나 둘 아이폰을 사기 시작하면서부터 행복감이 덜해집니다. 그래서 어떻게 합니까? 아이폰4를 삽니다. 신제품을 사는 이유입니다.

어느 연구 매체에서 우리나라 트렌드(유행)에 대해 조사해 봤습니다. 그랬더니 진원지가 강남이라고 합니다. 강남의 갤러리아 백화점 명품관에서 시작해서 강북으로 건너오는데, 여기에 걸리는 시간이 딱 6개월이에요. 이 기간이 바로 곧 남다른 소비를 한다는 데서 오는 만족감이 유지되는 기간입니다.

남들이 갖고 있지 않은 최신 제품을 갖고 싶어서 신용 카드로 즉시 해결합니다. 그 순간 만족하죠. 근데 그게 6개월밖에 안 간다는 거예요. 강북으로 넘어오면서 이제는 누구나 가진 상품이 되는 겁니다. 그때쯤 갤러리아 백화점 명품관에는 새로운 명품이 들어옵니다.

부모님을 졸라서 과감히 아이폰을 샀습니다. 그런데 얼마 지나지 않아서 무슨 기사가 뜹니까? 아이폰4가 나온다는 둥 아이패드가 나온다는 둥, 보는 사람 마음을 흔듭니다. 아이폰4 출시 기사가 나왔을 때 제가 그 아래 달린 댓글을 열어 봤어요. 그런데 이런 글이 쓰여 있더라고요. "조금만 참을걸……." 지금의 세상은 끝도 없이 최신 제품이 쏟아지기 때문에 소비자로 하여금 계속 후회를 하게 만드는 거예요.

아까 기업이 욕구를 창출한다고 말씀드렸는데, 그 방법과 속도가 상상을 초월합니다. 유행 기간이 6개월을 못 넘기니 제품의 수명도 그만큼 짧아요. 모든 게 기술력의 발전 때문입니다. 제품이 나와서 보급되고 소멸하는 것을 제품의 수명 주기라고 하는데 이게 예전에는 꽤 길었습니다. 일례로 브라운관 TV는 몇십 년을 갔죠. 그런데 요즘 나온 TV는 그렇지 않습니다. PDP에서 LCD로 LCD에서 다시 LED로 옮겨갔습니다. 그러는 동안 PDP와 LCD 가격이 폭락했죠. 왜 그럴까요? 그만큼 기존 제품에 대한 구매 욕구가 떨어졌기 때문입니다. 지금은 뭐가 대세죠? 한창 3D TV가 주목받고 있습니다. 3D 다음엔 정말 우리가 TV에 들어가는 시대가 올지도 모른다는 생각이 듭니다.

TV는 점점 현실 세계를 닮아가고, 이러다 나중에는 가상과 실재를 구분하지 못하는 세상이 오지 않을까 하는 우려가 생길 정도예요. 인간의 욕망이라는 게 끝도 없고 기업은 장사를 해야 하니까요. 물건을 팔려면 현재 만족스러운 상황을 불만족스럽게 만들어야 합니다. 그래야 욕구가 생기잖아요. 그게 바로 소비 사회에 사는 우리의 불행입니다.

『행복의 경제학』이라는 책을 쓴 쓰지 신이치라는 분은 소비주의 사회에서는 절대 행복해질 수 없다고까지 말합니다. '이것만 가지면 행복할 거야' 라는 생각 때문입니다. 왜냐하면 가져야 할 '이것' 들은 계속 생기니까요. 결국 소비주의 사회에서 행복은 말의 코끝에 매달아 놓은 당근과도 같다는 것입니다. 결코 가질 수 없는 것이죠. 무언가를 사서 가졌다는 데서 얻어지는 만족감은 오래가지 않습니다. 오히려 변화하는 현실 앞에서 끊임없이 박탈감을 느낄 수밖에 없습니다.

저축을 통한 소비는 조금 다릅니다. 이 방법으로는 사고 싶은 걸 바로 얻지 못합니다. 욕구를 미뤄야 하죠. 갖고 싶은 마음을 지연시킵니다. 하지만 나중에 물건을 샀을 때 그 만족감은 카드로 당장 구매했을 때보다 더 큽니다.

심리학에 '동기 상태 이론' 이라는 게 있어요. 이걸 설명할 수 있는 좋은 예가 있습니다. 여러분 소풍 가는 날과 소풍 가기 전날 중 언제가 더 행복해요? 예, 전날이죠? 막상 가 보면 별거 없잖아요. 근데 가기 전 날은 들뜨잖아요. 이게 보편적인 사람들의 심리 상태입니다. 사람들은 동기를 실현할 때보다 그 동기를 실현할 것이라고 예상할 때 가장 행복해진답니다. 기다릴 때가 가장 행복하다는 거예요. 적금을 하면 이걸 느낄 수 있습니다.

그래서 저는 5만 원짜리 적금도 하고 10만 원짜리 적금도 합니다. 여러분도 뭔가 사고 싶은 게 생겼을 때 이 방법을 써 보세요. 간절히 바라는 것을 기다리고 노력해서 얻었을 때, 정말 행복하다는 것을 알 수 있습니다.

계획을 세우고 노력했기에 성취감도 따릅니다. 이렇게 해서 얻은 아이폰은 달라요. 카드 결제로 산 아이폰과 적금을 부어서 산 아이폰은 다 같은 아이폰이 아닙니다. 기다린 사람에게는 추억이자 보물이에요. 내가 저축해서 산 첫 번째 물건이야, 이렇게 되면 설사 유행이 지나고 수명을 다한다고 해도 여러분의 책상 서랍에 고이 모셔질 겁니다. 나만의 보물 몇 호로 기록되면서 말이죠. 그 물건이 아이폰이 아니더라도 마찬가지일 거예요.

그럼 이상으로 강연을 마치도록 하겠습니다. 감사합니다.

청소년　행복한 소비자가 되기 위해서는 구체적으로 어떻게 해야 하나요?

제윤경　무엇보다도 여러분이 세상이 말하는 기준에 휘둘리지 않았으면 합니다. 눈에 보이는 게 다가 아니에요. 특히 TV 등 각종 매체에 나오는 것들엔 속임수가 너무 많아요.

우리나라 사람들 모두가 그렇게 우아하고 품위 있는 부자가 아닙니다. 일례로 혼자 사는 싱글족들, TV에선 어때요? 무척 멋지게 나오잖아요. 그런 거 보면 나도 원룸이나 오피스텔 같은 데서 멋지게 인테리어 해 놓고 살고 싶다는 생각이 들죠? 하지만 현실은 달라요. 만날 청소기를 돌려야 하고요, 부지런하지 않으면 싱크대에는 설거지 못한 그릇들이 썩어 나가고 냉장고에 상한 음식들이 가득합니다. (웃음) 문제는 우리가 매체에서 접하는 모습들만 보면서 잘못된 소비 마인드를 키우고 있다는 거예요.

무언가를 소비할 때, 다시 한 번 생각해 보세요. 여러분의 내면을 바라보고 이게 진짜 자신이 원하는 건지 판단해야 합니다. 그리고 결정이 되었으면, 부모님과 함께 계획을 세워 보세요. 용돈의 범위, 용돈의 크기, 얼마씩 언제까지 모아서 살 건지 등등. 이렇게 주도적이고 계획적인 소비를 연습하면 나중에 어른이 되어서도 행복한 소비자가 될 수 있습니다. 그리고 한 번쯤, 지금 가진 물건들의 리스트를 작성해 보세요. 무조건 많이 가진 게 행복이 아닙니다.

9 788993 463248

3강

잃어버린 시간을 되찾는 길

박성준 | 길담서원 대표

평화는 단순히 전쟁이 없는 상태가 아닙니다.
전쟁이 없어도 빈곤, 기아, 영양실조, 질병, 환경오염 등이 있으면
'평화는 없다'는 것이지요.
이러한 '비평화'의 요소들을 제거하고
충분한 의식주, 의료, 위생적 생활환경을 만들어 내는 것이야말로
평화를 이루는 지름길이라는 겁니다.

박성준

서울대학교 경제학과를 졸업하고 일본 릿쿄대학교에서 신학 박사 학위를 받았습니다. 미국 유니언신학대학원과 퀘이커학교 Pendle Hill에서 평화학을 연구했습니다. 성공회대학교 NGO대학원에서 평화학을 강의하면서 '아름다운가게' 공동 대표와 '비폭력평화물결' 대표로도 일했습니다. 지금은 길담서원 대표입니다.

잃어버린 시간을 되찾는 길

　오늘은 돈과 평화에 대해 이야기를 나누어 보겠습니다.

　먼저 평화에 대해 잠깐 생각해 보겠습니다. '평화'란 무엇일까요? 한자로 '평화平和'라고 썼을 때 이 '平'자는 명사일까요? 동사일까요? 형용사일까요? 명사로 생각하시는 분들이 많을 텐데 여기에서 '平'은 동사일 수 있습니다. 한자 즉, 중국어는 명사도 동사가 될 수 있어요. 우리말처럼 하나의 글자에 하나의 품사만 있는 게 아닙니다. 다른 표현을 볼까요? '평안平安하다'에서 '平'은 형용사가 되지만 '평등平等하다'에서 '平'은 '평평하게 하다'라는 동사로 쓰입니다. 평등에서 '等'자는 등급을 의미합니다. 등급, 여러분 성적에 등급이 있죠? 어떤 아이는 그게 높고 어떤 아이는 낮고 그렇잖아요. 세상에는 등급이 있습니다. 그 등급을 '평평하게' 하면 어떻게 되겠어요? 등급이 같아지겠지요. 그게 평등입니다.

　또 평화의 '平'은 '고르게 하다'라는 동사입니다. 그럼 '和'는 뭘까요? 이 '和'자를 잘 들여다보세요. 여러분, 이게 뭐죠? 입 구口라고 그러지요? 여러분 다 밥 먹는 입 있지요?

　오늘 아침에 식사했어요? 뭐 먹었지요? 밥 먹고 왔지요. '和'자 왼쪽에 있는 이게 밥이에요. 벼 화禾라는 글자잖아요. '벼' → '쌀'

→ '밥'입니다.

평화란 말에 왜 밥이라는 글자 '禾'가 들어가고 입이라는 글자 '口'가 들어갈까요? 밥이 입에 들어가야 즉, 먹어야 평안하다는 뜻이 아닐까요. 혹시 여러분 중에서 하루쯤 굶어 본 사람 있어요? 이틀까지 굶어 본 사람이 있다고요? 아마 밥이 없어서가 아니라, 일부러 밥을 굶는 체험, 예컨대 단식 같은 걸 해 본 경우이겠지요.

정말로 밥이 없어서 못 먹는 사람에게 평화가 있을까요? 없지요. 그래서 평화는 '모든 사람의 입에 밥이 골고루 들어가게 하다'라는 의미입니다. 이게 평화라는 말을 쓰는 중국, 일본, 한국 등 우리 동양 사회의 사고방식이자 철학이에요. '平'자가 동사라는 거, 아까 '평등'이라고 할 때와 마찬가지로 '평화'라는 말이 '동사'라는 것은 굉장히 의미심장한 일입니다.

평화와 안녕의 참뜻

요즘 여러분 주변에 밥을 굶는 사람은 거의 없지요? 물론 자세히 들여다보면 아직도 밥을 먹기가 어려운 사람들이 있는 건 사실이에요. 하지만 한국 사회는 기본적으로 밥 문제는 해결된 사회라고 말할 수 있어요. 그러면 앞에서 말한 '모든 사람의 입에 밥이 골고루 들어가게 하다.' 즉 '평화'라는 관점에서 봤을 때, 한국 사회에 '평화가 있다'고 할 수 있을까요? 우리가 평화 문제를 밥만 가지고 생각하면 한국 사회는 대체로 평화로운 사회예요. 하지만 다른 문제들은 여전히 해결되지 않은 채 남아 있습니다.

환경 문제가 그중 하나지요. 물이나 공기가 심각히 오염된 지역에서는 사람이 살 수 없습니다. 환경은 생존과 직결되지요. 인간에게 밥 못지않게 중요합니다.

또 하나, 바로 우리가 이 자리에서 이야기할 '돈' 문제도 그렇습니다. 여기 모인 분들은 참가비를 내셨지요. 그래서 평화롭게 함께 이야기하며 공부할 수 있습니다. 하지만 오고 싶어도 참가비가 없어서 못 온 친구들은 어떨까요? 그 친구에겐 우리가 가진 이 평화가 없는 거예요. 돈이 없으면 아무것도 할 수 없는 사회에서 돈은 생존 조건입니다.

평화는 '모든 사람의 입에 밥이 골고루 들어가게 하다' 라고 했습니다. 오늘날 이 '밥'은 우리가 먹는 쌀뿐만 아니라 환경, 돈, 교육, 인권, 이런 문제들과도 연결됩니다. 여러분은 '샬롬' 이란 말 들어봤나요? 이스라엘 사람들의 언어인 히브리어입니다. 우리말로 번역하면 '안녕' 이에요. 우리가 인사할 때 쓰는 말입니다. "안녕하세요?" 라고 할 때 우리는 무엇을 묻는 걸까요? 별일 없나요? 몸이 아프지는 않나요? 배는 고프지 않나요? 그런 뜻이겠지요? 일용할 양식과 깨끗한 물, 잠자고 쉴 공간 즉, 집이 있고 마음과 몸이 건강하면 '안녕'한 겁니다. 안녕이 곧 '평화' 입니다. 평화를 묻는 것입니다.

평화에는 또한 심리적 요인과 사회적 관계도 포함됩니다. 좋은 친구가 없는 사람에게 평화가 있을까요? 여러분 또래에는 친구 관계가 중요하지요. '나는 왜 친구가 없지?' 이런 사람에게는 평화가 없는 겁니다. '나'를 확장시키면 친구가 되고 이웃이 되고 이 세계에 사는 사람들이 되는데요, 비록 나에게 평화가 있다고 하더라도 나를 둘러싼 다른 사람들에게 평화가 없다면, 그것이 내 마음을 불편하게 한다면, 나의 평화도 손상되는 거예요. 평화는 이렇게 함께 사는 세계 사람들과 연결되어 있습니다.

여러분이 평화로우려면 학교가 아주 즐거운 곳이 되어야 합니다. 하지만 어때요? 안타깝게도 현실은 그렇지 못하죠. 직장인들은 어떨까요? 일자리가 평화의 문제겠지요. 이렇게 보면 세상에 평화와 관련되지 않은 문제는 없습니다.

전쟁으로 돈을 버는 사람들

그럼, 평화의 반대말은 뭘까요. 전쟁의 반대는 평화이고 평화의 반대는 전쟁이지요. 그런데 여기에 이의를 제기한 사람이 있었어요. 인도의 평화학자 수가타 다스굽타 Sugata Dasgupta라는 사람인데요. 그의 논리는 이래요.

우리 마을에는 지금 전쟁이 없습니다. 그런데도 평화롭지 않아요. 즉, 평화가 없어요. 왜냐면 우리 마을에는 행복한 아이들이 없습니다. 깨끗한 물, 맑은 공기가 없습니다. 마을 도서관이 없습니다. 우리 마을에는 좋은 학교가 없습니다. 아이들은 친구들이 없습니다. 좋은 일자리가 없습니다. 그렇기 때문에 평화가 없는 것입니다. 전쟁이 없는데도 평화가 없는 것입니다. 따라서 다스굽타는 '전쟁'의 반대말을 평화가 아니라 '평화 없음'peaceless-ness이라고 합니다.

사람들은 그의 주장에 신선한 충격을 받았어요. 마치 1970년 전태일 열사의 분신으로 지성계가 현실의 문제를 다시 한 번 생각하는 계기가 되었듯이 말입니다. 그의 말을 들은 사람들은 평화의 문제에 대해서 다시 생각하기 시작했어요.

평화는 단순히 전쟁이 없는 상태가 아닙니다. 전쟁이 없어도 빈곤, 기아, 영양실조, 질병, 환경오염 등이 있으면 '평화는 없다'는 것이지요. 이러한 '비평화'의 요소들을 제거하고 충분한 의식주, 의료, 위생적 생활환경을 만들어내는 것이야말로 평화를 이루는 지름길이라는 겁니다. 이렇게 보면, 평화는 사회 구조의 문제입니다. 사회 정의, 환경, 식량 문제 같은 것들이 실제로 현대인의 평화로운 삶에 막대한 영향을 미치고 있습니다.

평화에 대한 이런 기초적인 이해를 바탕으로 이제 '전쟁'의 문제를 살펴보기로 하죠.

여러분 〈포화 속으로〉라는 영화를 아시는지요. 6·25 전쟁 때 학도병들 이야기인데 전쟁의 참상을 잘 전해 주고 있지요. 우리나라뿐만 아니라 인류는 거듭되는 전쟁으로 큰 피해를 입었습니다. 제1차 세계 대전의 사망자만 무려 1,500만 명에 이릅니다. 그것도 부족하다는 듯이 인간은 또다시 전쟁을 일으킵니다. 무려 5,000만 명이 넘는 사람을 죽음으로 몰아넣은 전쟁이 이어졌지요. 제2차 세계 대전이 바로 그것입니다. 이렇게 두 번에 걸친 세계 대전을 겪은 세계의 많은 사람이 더 이상 전쟁은 안 된다고 생각했습니다. 그래서 전쟁을 막기 위한 많은 노력을 기울였지요. 하지만 제2차 세계 대전이 끝난 지 5년 만에 또 다른 전쟁이 터집니다.

〈포화 속으로〉의 무대가 되는 한국 전쟁입니다. 3년간 계속된 이 전쟁으로 우리 민족 500만 명이 희생됩니다. 하지만 전쟁은 그칠 줄 모르고 계속됩니다. 베트남 전쟁이 시작되어 150만 명이 희생됩니다.

20세기 들어 전쟁은 주기적으로 일어나요. 5년에서 10년 주기로 크고 작은 전쟁들이 계속되는 거예요. 최근에는 어떻지요? 이라크, 아프가니스탄이 있습니다. 한반도에서도 위기감이 고조되고 있지요? 그럴 리는 없겠지만, 무슨 일이 있어도 한반도가 전쟁터가 되어서는 안 됩니다. 전쟁은 모든 걸 파괴합니다. 전쟁에서 죽는 사람들뿐만 아니라, 다친 사람, 친구, 가족 모두에게 씻을 수 없는 상처를 남겨요.

잘 알려졌다시피, 과거 베트남이나 이라크 등지에 참전했던 미국 젊은이들의 후유증이 심각합니다. 정상적인 생활이 어려울 정도예요. 이처럼 지금도 많은 사람이 전쟁으로 말미암은 직·간접적인 고통을 받고 있습니다. 그런데 이처럼 참혹한 전쟁이 왜 주기적으로 일어나는 걸까요? 아무도 원하지 않는 전쟁인데 말입니다.

혹자는 인간에게는 전쟁 본능이 있다는 말로 그 이유를 설명하기도 합니다. 인간에게는 다른 동물을 훨씬 뛰어넘는 잔인성이 있다는 겁니다. 자존심 상하는 말이지만 설득력이 있어 보입니다. 대량으로 동족을 살육하는 동물이 인간 말고 어디에 있습니까? 오직 인간만이 그렇죠. 왜 그럴까요?

인간이 전쟁을 일으키는 배경에는 사회학적인 원인, 심리적인 원인, 정치적인 원인, 군사적인 원인 등 여러 가지 원인이 있을 수 있고 또 그것들이 복합적으로 얽혀 있어요. 그런데 전쟁의 원인들 중에서 빼놓을 수 없는 것은 바로 경제적 원인입니다.

전쟁으로 돈을 버는 사람이 있어요. 전쟁에는 천문학적인 돈이 오갑니다. 그 사이에 '전쟁 상인'들이 있죠. 전쟁으로 비즈니스를 하는, 어마어마한 부자들이에요. 그 사람은 정치권력과 손잡고 있어요. 만약 이런 경제적 동기가 없다면 인류의 전쟁은 단언컨대, 절반 이상 줄어들 것입니다.

그렇다면 전쟁을 통해 '전쟁 상인'들이 버는 돈은 어디서 올까요? 자기 돈으로 전쟁을 할까요? 아닙니다. 평범한 사람들의 세금에서 나옵니다. 여러분이 볼펜 한 자루를 사도 그 안엔 세금이 포함되어 있어요. 평범한 사람들이 내는 그런 돈을 합쳐 놓으면 부자들이 내는 세금보다 훨씬 규모가 큽니다. "티끌 모아 태산"이라는 말처럼 말입니다.

보통 우리는 삼성 같은 대기업들이 내는 세금으로 나라가 운영된다고 생각하지요? 그렇지 않아요, 물론 대기업은 큰돈을 세금으로 냅니다. 하지만 나라가 거두어들이는 세금의 80퍼센트는 우리 부모님들처럼 평범한 사람들, 비정규직 노동자를 포함한 아주 이름 없는 노동자들, 그러니까 중산층 이하의 사람들이 내는 세금이에요.

전쟁에 사용되는 돈도 대부분 우리 같은 사람들의 호주머니에서 나온다고 볼 수 있어요. 만약 이 돈을 전쟁에 쓰지 않고 평화에 쓴다면 어떻게 될까요? 아마도 좋은 학교, 좋은 도서관, 맑은 공기, 살 만한 집, 아름다운 넓은 공원……. 아주 많은 것들이 해결될 수 있을 거예요.

오늘날 돈은 우리 인간 생활의 중심이 됐어요. 중세에는 신이 중심이었다면 지금은 돈이 중심입니다. 교회에 가도 돈, 절에 가도 돈입니다. 돈이 신이 된 시대에 우리는 살고 있습니다.

오늘 이야기의 한 핵심이 되는 소설 이야기를 해 볼게요. 독일 작가 미하엘 엔데의 환타지 소설 『모모』예요. 이 책에 보면 다음과 같은 내용이 나옵니다.

> "세상에는 아주 중요하지만 너무 일상적인 비밀이 있다. 모든 사람이 이 비밀에 관여하고 모든 사람이 그것을 알고 있지만 그것에 대해 깊이 생각하는 사람은 거의 없다. 사람들은 대게 이 비밀을 당연하게 받아들이고 조금도 이상하게 생각하지 않는다. 이 비밀은 바로 시간이다."

『모모』의 작가 미하엘 엔데가 말하고 있는 "시간이라는 비밀"은 놀라운 메시지를 간직하고 있어요. 그것을 간파한 어떤 사람들은 이 소설을 경제학적으로 해석하고 있습니다. 이 소설에 '은행', '시간', '저축', '이자' 등등 돈과 관계되는 개념들이 사용되고 있으니까요. 서양 사람들에게 시간은 뭡니까? 돈이죠. "time is money"라고 하잖아요.

이 소설을 쓴 독일 작가 미하엘 엔데는 1995년 8월에 돌아가셨어요. 그런데 돌아가기 직전에 일본 국영 방송 NHK와 한 인터뷰가 있습니다. 그 내용이 『엔데의 유언 – 근원에서부터 돈을 묻는다』는 책으로 2004년에 출판됐습니다. 그중 일부가 〈녹색평론〉 2010년 9 · 10월호에 소개되었는데, 거기에는 '3차 대전은 시작되었다'라는 소제목이 붙어 있습니다. 『모모』에서 시간과 돈이라는 주제를 다뤘던 저자의 문제의식이 '전쟁'의 문제로 이어지는 겁니다. 미하엘 엔데는 돈이 전쟁과 깊은 상관관계에 있다는 걸 말하고 싶었던 건 아닐까요?

실비오 게젤의 상상력

여러분이 꼭 기억해야 할 이름이 있어요. 실비오 게젤Silvio Gesell입니다. 이분은 미하엘 엔데에게 깊은 영향을 준 경제학자입니다.

『모모』를 읽은 베르너 온켈이라는 독일 경제학자가, 이 소설은 사실 돈에 관해 이야기를 하는 것이라고 주장하면서 '경제학자를 위한 모모'라는 제목의 논문을 썼어요. 그리고는 미하엘 엔데에게 편지를 쓰죠. 엔데는 아마 깜짝 놀랐을 거예요. 내 속마음을 알아주는 경제학자가 있구나 하고 말이죠. 엔데는 온켈에게 보내는 답장에서 『모모』의 경제학적인 배경을 밝혀 줘서 무척 기쁘다며 심정을 밝힙니다.

그런데 이 온켈이라는 경제학자가 바로 실비오 게젤의 사상에 깊이 영향을 받은 사람이에요. 여러분은 '수정 자본주의'라는 말을 들어 보았을 거예요. 국가가 나서서 자본주의의 모순을 해결해 보려는 것으로 이전과는 차원이 다른 자본주의를 말하지요. 이러한 생각을 대표하는 학자로 케인스John Maynard Keynes가 있습니다. 그는 자본주의, 특히 영국과 미국의 자본주의가 많은 모순을 낳고 병이 들었을 때 그것을 고쳐서 좋은 자본주의로 만들어 보자는 생각을 했지요. 케인스는 인플레이션이란 "가난한 사람들로부터 부자들에게로 부富가 옮아가는 것"이라는 것을 밝힌 경제학자이기도 한데요, 이 사람 덕분으로 오늘날 자본주의가 그래도 요만큼 굴러가고 있다고 말할 수 있어요.

그런데 이 케인스가 놀라운 말을 했어요. 실비오 게젤이야말로 카를 마르크스보다 더 인류의 미래에 기여할 사람이라고 말이지요. 보통 우리나라를 포함해서 세계의 진보적인 사람들은 카를 마르크스의 경제학이 인류의 진보에 크게 기여했다고 생각하거든요. 그런 마르크스보다 더 많이 인류의 미래에 기여할 사람이라고 했으니 굉장한 칭찬인 셈이지요.

그 실비오 게젤이 "돈은 노화하지 않으면 안 된다"라는 유명한 말을 했어요. 즉, '노화하는 돈' 이론을 주장한 거지요. '노화하는 돈'이라, 무슨 뜻일까요? 간단히 설명해 보겠습니다. 인류의 역사에 돈이 등장하기 전에 물물 교환의 시대가 있었다고 했지요. 인류는 오랜 시간 그런 식으로 필요한 물건을 서로 바꾸며 생활했습니다. 실비오 게젤의 발상은 그런 시대의 미덕에서 아이디어를 얻은 거예요.

자, 예컨대 누군가 닭을 키워서 이걸 쌀이나 고구마로 바꾼다고 칩시다. 그런데 어느 날 닭고기가 남습니다. 고민스러운 일입니다. 오래 둘 수가 없다는 거예요. 상하니까요. 예전엔 냉장고 같은 보관 시설이 없었잖아요. 자, 이 사람은 남는 닭고기를 어떻게 했을까요? 버렸을까요? 아닙니다. 남은 고기가 상하기 전에 주위 사람들에게 나누어줍니다. 이웃집에 보내거나, 친구를 불러서 같이 먹었거든요. 하지만 돈이 있다면, 그러지 않겠지요. 상하기 전에 얼른 돈을 받고 팔아 넘깁니다.

실비오 게젤이 문제점으로 지적한 건 이 돈의 기능입니다. 돈은 물건의 가치를 '보관'하는 역할을 하니까요. 그래서 그는 돈이 과거의 물물 교환 시대로 돌아가야 한다고 주장합니다.

예를 들어, 부잣집 아이가 한 명 있다고 칩시다. 부모님이 아주 부자예요. 은행에 수십억을 저금해 놓고 있어요. 부모님은 얼마나 사실지 모르지만 보통 100년을 넘길 수는 없겠죠. 하지만 돈은 다릅니다. 그 돈은 부모님이 살아계시는 동안은 물론, 그 아이에게 유산으로 상속되는 방식으로 영원히 존재합니다. 하지만 이게 과연 정당한 일일까요? 결국 부잣집 아이는 아무 노력 없이 부자가 되잖아요. 이런 문제 역시 돈이 영원히 가치를 보존하기 때문에 발생합니다.

게젤은 이런 문제를 해결하기 위해서라도 돈도 음식처럼 시간이 갈수록 가치가 줄어들어 언젠가는 소멸해야 한다고 생각했어요.

실제로 오스트리아의 한 마을에서 이 이론을 토대로 2차 대전 이후에 '노화하는 돈'을 만들었다고 해요. 이 돈은 하루에 1퍼센트씩 가치가 줄어들게 되어 있어요. 그러면 어떻게 돼요? 지금 100원이 내일이면 99원이고 모레면 98원이 되는 거예요. 당연히 열흘이 지나면 그 돈의 가치는 처음보다 10퍼센트나 줄어듭니다. 100일이면 가치는 제로가 됩니다. 그러니까 돈도 음식처럼 먹지 않고 두면 썩는다는 개념이에요. 어떻게 되겠어요? 가치가 있을 때 빨리 써야죠. 사람들이 돈을 이렇게 쓰니까 그 마을에서 계속 순환이 되는 거예요. 그래서 사업이 잘되고 일자리가 만들어지고 그 마을은 부자 마을이 되는 거예요.

자, 만약 한 마을이 아니라 국가 단위에서, 나아가 전 세계가 이런 돈을 사용한다면 지금의 화폐 제도가 근본적으로 바뀔 겁니다. '화폐 제도의 혁명'이지요. 그렇게 되면 누구도 돈을 가만히 은행에 넣어 둘 수가 없게 되잖아요. 물론 이 제도에는 이자도 없습니다. 게젤이 보기에 이게 돈의 원래 모습이었다는 거예요. 어때요? 말도 안 되는 것처럼 들리나요? 하지만 왠지 설득력이 있지요? 중요한 건 그가 새로운 세상을 상상했다는 거예요. 그런 상상이 세계를 바꿉니다.

돈의 역사, 은행의 비밀

자, 그럼 여기서 잠깐 '돈의 역사'를 살펴보기로 하지요.

원래부터 돈이 지금 우리가 쓰는 형태였던 것은 아닙니다. 돈이 지폐가 되기까지 많은 과정을 거쳐 왔습니다. 여러분이 교과서에서 배웠겠지만, 처음엔 필요한 물건들을 서로 교환하는 물물 교환이 있었지요. 닭을 키우는 사람이 그걸 들고 가서 쌀이나 고구마와 교환합니다. 그러면 농사를 짓던 사람도 닭고기를 먹을 수 있고 닭을 기르는 사람도 쌀이나 고구마를 먹을 수 있지요. 그런데 이렇게 물건과 물건을 교환하려면 불편하잖아요. 만약 여러분이 오늘 강의에 참가비 대신 닭이나 고구마를 들고 온다면 어떻겠어요. 가져오기도 불편하고 받는 입장도 난감하겠지요. 그래서 물건과 물건을 매개해 주는 돈이 생기게 됩니다.

금이 돈 역할을 하던 먼 옛날에는 금을 가진 사람들은 집에다 금을 두어야 했는데 그러면 도둑이 들어와서 훔쳐가기가 쉽죠? 그래서 어디 안전한 데다 맡기고 싶어 했어요. 그래서 금세공업자가 금고를 만들어 놓고서 사람들의 금을 보관하고, '금 얼마를 맡겼습니다' 라는 증서를 써 줬어요. 나중에 이 증서가 종이 돈, 즉 지폐의 기원이 되는 거예요. 이 증서를 돈처럼 사용해서 물건을 살 수 있게 된 것이지요.

자, 이렇게 되니까 그다음에 어떤 일이 생겼냐 하면, 금세공업자가 직접 보관증을 만들어서 그걸 빌려 주기 시작했어요. 사람들이 그걸로 물건을 사고 사업을 할 수 있게 되었어요. 이렇게 되니까 이젠 거꾸로 사람들이 금세공업자에게 빌린 돈을 갚아야 했어요.

여러분, 부모님들이 은행에서 대출받으면 어떻습니까? 이자를 갚아야 되잖아요. 그러면 은행은 돈을 벌죠. 이런 식으로 금세공업자도 돈을 벌기 시작했습니다.

자, 처음에는 금고에 있는 금을 근거로 보관증을 만들었지요. 이것이 보관증을 가져가서 "금 주시오." 하면 금을 내줘야 하는 '태환 화폐'의 원리입니다.

미국의 달러는 1970년까지는 갖고가서 금으로 바꿀 수 있었습니다. 화폐 제도가 이러면 돈을 마음대로 찍어 낼 수 있을까요, 없을까요? 없다는 것이 맞는 답이에요. 하지만 사람들이 금이 아니라 보관증(종이 돈)을 달라고 한다는 사실을 은행이 알고 있다면 돈을 계속 찍어낼 수 있겠지요.

금세공업자도 그랬습니다. 사람들이 금을 찾으러 오지 않는다는 걸 알고 이제는 안심하고 금고 안에 있지도 않은 금에 대해서 증서를 발행하기 시작했습니다. 이러면서 돈의 성격이 바뀌는 겁니다. 요즘은 여기서 한걸음 더 나아갑니다. 돈의 실체가 아예 없어요.

여러분의 부모님 중에 대출 경험이 있으신 분들 꽤 계실 거예요. 이때 은행에서는 우리나라의 중앙은행인 한국은행에 가서 돈을 빌려와 그걸 다시 부모님에게 건네는 걸까요? 아니면 그냥 통장에다가 대출받는 액수를 숫자로 기록하는 것 뿐일까요? 어느 쪽일까요? 지금은 후자입니다. 과정은 간단합니다. 부모님이 은행이 제시한 서류에 서명하는 것과 동시에 은행은 그 돈만큼을 통장 계좌에 입력합니다. 이렇게 해서 새로운 돈이 만들어지는 거지요. 이런 화폐 시스템은 비교적 최근에 생긴 겁니다.

실제로 우리나라 조폐공사에서 찍어 내는 돈 즉, 정부가 발행한 돈은 전체 통화량의 5퍼센트 이하에 불과합니다. 우리가 보통 돈이라고 말하는 거, 만질 수 있고 눈으로 볼 수 있는 돈이 그것밖에 안 된다니

놀랍지요? 더욱 놀라운 사실은 나머지 95퍼센트가 은행에서 돈을 빌리는 형식으로 유통된다는 거예요.

은행이 돈을 만들려면 빌리는 사람이 있어야 합니다. 즉, 돈을 빌리는 사람이 없으면 돈을 만들 수가 없어요. 따라서 돈은 은행이 만드는 것 같지만, 사실은 돈 빌리는 사람이 만드는 거예요. 돈 빌리는 사람이 돈의 주인인 겁니다. 그런데 현실에서는 어떻습니까. 돈을 지급하는 금융 업체나 금융 재벌의 힘이 세잖아요. 은행이 하는 일이란 그저 돈을 빌려 주면서 통장에 잔고를 기입하는 것뿐인데 말입니다.

그래서 은행은 계속 돈을 빌리라고 합니다. 핸드폰에 돈 빌려 쓰라는 문자가 끊임없이 오는 것도 그 때문입니다. 내가 돈을 빌리는 순간 은행은 돈을 벌게 되는 거예요. 현대 사회에서 돈은 이렇게 만들어집니다. 이것이 바로 돈의 비밀이지요. 빌린 돈, 즉 부채가 없으면 돈도 없다는 사실입니다.

여기서 잠깐 생각해야 할 게 있습니다. 실제로 열심히 일해서 부를 생산하는 사람들이 지는 빚이 점점 많아지고 있다는 거죠. 빌린 돈은 언젠가는 원금과 이자를 모두 갚아야 하지요? 이자는 복리로 계산되니까 이자가 계속 커지지요. 그만큼 돈을 벌지 못하면 그걸 갚으려고 또다시 돈을 빌려야 하는 악순환에 빠집니다. 우리 주변에서도 언젠가부터 이런 '빚쟁이'들이 늘어가기 시작했어요. 이런 상황은 곧잘 위기로 이어집니다.

최근 세계적인 경제 위기를 불러온 서브프라임 모기지 사태도 따지고 보면 집을 담보로 돈을 빌린 사람들이 이를 갚지 못해 생긴 사태입니다. 빚 문제는 이제 개인의 문제가 아닌 사회적, 국제적 문제가 되었습니다.

빌린 돈을 갚지 못해 고통스럽게 사는 사람들이 주변에 너무도 많아졌어요. 이건 이미 심각한 사회 문제가 되었습니다. 심지어 세계 금융계를 지배하는 큰손들도 이런 문제를 잘 알고 있어요.

어쩌면 현대 사회 자체가 끊임없이 돈을 빌리지 않으면 안 되는 시스템이라고 할 수 있습니다. 하지만 이제 많은 사람이 이 '비밀'을 알기 시작했습니다. 빚쟁이를 양산하는 시스템을 그냥 둬서는 안 되겠구나, 새로운 화폐 제도를 만들어야겠다, 이런 움직임이 시작된 겁니다. 평범한 사람들, 시민 운동가들뿐만 아니라, 부자들, 세계 굴지의 은행장들, 이런 사람들도 문제의식을 갖고 있어요. 여러분이 아는 최고의 부자들 워런 버핏, 빌 게이츠 같은 사람들이 거액을 기부하는 이유도 그 때문입니다. 이대로 가다간 모두의 미래가 위험해지겠다고 생각한 거죠.

사회적 은행의 출현

캐나다의 유명한 화가가 이런 말을 했습니다. 우리는 민주주의 사회에 살고 있다는 착각을 하고 있지만, 사실은 돈의 지배를 받는 돈의 독재 체제하에 살고 있다고 말이지요. 그래서 화폐 제도의 개혁, 즉 돈을 개혁하는 것은 정치 제도, 선거 제도를 개혁하는 것 이상으로 중요한 문제라고 주장합니다. 돈의 문제는 곧 정치적인 문제, 즉 민주주의의 문제라는 거죠.

이렇게 사람들의 의식이 바뀌면서 은행도 변하고 있습니다. 여러분 '사회적 은행'이라는 말 들어 보셨나요? 돈을 빌려 준다는 점에서는 일반 은행과 같지만 목적이 다릅니다. '사회적 은행'은 공공성을 띤 사업이나 개인에게만 돈을 빌려줍니다.

네덜란드의 트리오도스은행Triodos Bank이 대표적인 사회적 은행입니다. 이 은행은 투자처를 밝힙니다. '여러분이 맡긴 돈을 이러이러한 곳에다가 빌려 주고 투자합니다.' '무기 산업이나 전쟁 관련 기업, 환경을 망치거나 인권을 경시하는 기업에는 투자하지 않습니다.'라고 알리는 것이지요.

여러분은 그 내역을 보고 이 은행에 돈을 맡길지 말지를 선택할 수 있습니다. 윤리적인 투자를 지향하는 사람이라면 당연히 이 은행에 돈을 맡기겠지요. 정부는 이러한 사회적 은행을 지원하기 위해 세제 혜택을 줍니다. 은행이 얻은 수익 등에 세금을 적게 매겨요. 예금자에게 지급되는 이자에는 세금을 면제해 줍니다. 그러면 어떻게 될까요. 많은 사람이 이 은행에 저축하겠지요.

일본에도 이런 은행이 있습니다. 은행 이름이 '모모'예요. 재밌지요? 2005년에 설립한 건데요, 자본금이 1억 엔이에요. 우리 돈으로 환산하면 10억입니다. 요즘 강남에 있는 아파트 한 채 값이에요. 우리 기준에서 보자면 큰돈이 아니지요. 이 은행은 '돈의 지역화'를 지향합니다. 지역의 자원을 이용해서 지역에 일자리를 만들어 내는 것을 목표로 하는 것이지요. 이런 소규모 은행도 뜻을 같이하는 사람이 많아진다면 많은 돈이 모일 겁니다. 그러면 세상은 좀 더 좋은 방향으로 바뀔 수 있겠지요. 그래서 의식 있는 사람들은 말합니다. "여러분이 계좌를 바꾸면 세계가 바뀝니다"라고 말입니다.

부산에 동보서적이라는 책방이 있었습니다. 지역에서 아주 오래된 곳이지요. 그런데 문을 닫았어요. 교보문고, 영풍문고 같은 대형 서점이 이 지역에도 생기면서 운영이 어려워진 거예요. 요즘 문제가 되는 SSM 기업형 슈퍼마켓 문제와도 일맥상통합니다. 재벌들이 운영하는 매장들이 동네까지 들어서니까 작은 동네 슈퍼들이 다 망하잖아요.

안타까운 건 이 동보서적이라는 책방이 그동안 지역에서 좋은 일을 많이 해 왔다는 겁니다. 여러 가지 문화 행사도 하고 지역 사람들의 약속 장소이기도 했습니다. 30년 이상의 역사를 가지고 있던 책방이에요. 하지만 문을 닫고 말았어요. 문제는 좋은 책방이 문을 닫았다는 데에서 그치지 않습니다. 교보나 영풍이 부산에 대형 서점을 냈을 때 거기서 일하는 직원은 어디서 채용할까요? 부산 사람들을 채용할까요? 물론 일부 그럴 수도 있지만 대부분은 서울에서 갑니다. 그래서 지역 일자리가 줄어드는 거예요. 지역의 인적 자원이 활용되지 않는다는 겁니다. 그리고 서울에 본사가 있는 책방에서 벌어들인 돈이 어디로 갑니까? 서울에 있는 은행으로 가지요? 판매와 동시에 서울에 있는 거래 은행에 입금됩니다. 동보서적은 지역에 있는 작은 은행들하고 거래했을 거예요. 그리고 지역에서 벌어들인 돈이 지역에서 순환했을 거예요. 그러면서 지역에 기업을 일으키고 일자리를 만들게 되지요.

이런 게 일본의 모모은행이 지향하는 '지역화'의 의미입니다.

그라민은행Grameen Bank•도 대표적인 '사회적 은행'입니다. 이 은행은 돈을 빌릴 때 담보도 필요 없고 보증도 필요 없습니다. 오히려 담보도 보증도 없는 사람들을 우대해요. 상상이 가십니까?

먼 나라 이야기처럼 들리는 이 꿈 같은 일을 우리도 할 수 있습니다. 여러분에게는 무한한 가능성이 있기 때문입니다. 여러분은 예술가가 될 수도 있고, 철학가가 될 수도 있고, 탐험가가 될 수도 있습니다. 물론 사회적 은행을 설립할 수도 있습니다. 여러분은 모든 꿈을 이룰 수 있습니다.

잃어버린 시간을 되찾는 길

그럼, 이쯤에서 미하엘 엔데의 소설『모모』이야기로 돌아가 보죠. 모모는 호라 선생님으로부터 "시간의 꽃을 회색 신사들의 비밀 창고로부터 해방시키라"는 사명을 받습니다. 호라 선생님의 한 마디 한 마디 말에 모모는 숨을 죽이고 귀를 기울입니다.

"악도 비밀을 가지고 있어. 나는 회색 신사들이 훔친 시간의 꽃을 어디다 보관하는지 모른다. 아마 땅속 깊은 곳 어딘가 거대한 창

•방글라데시의 서민 소액 대출 은행으로 1976년 설립됐다. 현재 수천 개의 지점으로 확대되어 운영되고 있으며, 설립자 무함마드 유누스와 함께 2006년 노벨 평화상을 받았다.

고에 시간을 얼려서 보관하고 있을 게다. 너는 그들이 훔친 시간을 전부 풀어 줘야 해. 시간을 해방시켜라. 그 시간은 진짜 주인인 사람에게 돌아가야만 해."

이 말을 들은 모모의 뺨은 분노로 발갛게 달아오릅니다. 곧 모모는 시간 도둑들의 비밀 창고를 찾아 길을 떠납니다. 호라 선생님이 준 한 송이의 꽃을 들고 신비스런 거북이 카시오페이아의 도움을 받으면서…… 결국 지하의 비밀 창고를 찾아냅니다.

"어마어마하게 큰 창고 안으로 들어간 모모는 눈이 휘둥그레졌다. 찬란한 시간의 꽃들, 똑같은 꽃은 하나도 없었다. 살아 있는 생명의 꽃이 수십만, 수백만 송이나 되었다."

모모는 창고 속에 얼어붙은 채 감금되어 있던 시간의 꽃들을 해방시킵니다. 풀려난 시간의 꽃들은 시간의 폭풍을 일으키고 모모는 그 폭풍을 타고 친구들이 있는 도시로 날아갔어요. 도시에는 오랫동안 볼 수 없었던 광경이 벌어졌어요. 아이들이 길 한복판에 나와 놀고 어디서나 사람들이 서서 다정하게 말을 주고받으며 서로의 안부를 자세히 물었어요. 길가던 사람들은 잠시 걸음을 멈추고 남의 집 창가에 놓인 꽃에 감탄할 여유가 있게 됐어요. 의사들은 환자들을 한 사람 한 사람 정성껏 돌볼 시간이 있게 되었고, 노동자들은 일에 대한 애정을 갖고 편안하게 일할 수 있게 되었어요. 사람들은 저마다 무슨 일을 하든 자기가 원하는 만큼의 시간을 낼 수 있게 되었어요. 감금당해 있던 시간이 해방되자 시간이 다시 풍부해진 거예요.

앞에서 말했듯이, 미하엘 엔데는 『모모』에서 인간과 시간의 문제를 말하고 있지만, 작가의 숨은 의도는 인간과 돈의 문제를 다루는 데 있었다고 하지요. 회색 신사들의 지하 창고에 시간의 꽃들이 감금되어 있는 것처럼, 실제로 은행이라는 창고에 있는 돈들이 사람들의 행복을 위해 쓰여지기보다는 전쟁이나 인권과 환경을 파괴하는 데 쓰이는 경우가 너무나 많지 않아요? 모모가 시간의 꽃을 해방시킨 것처럼 우리들도 돈의 문제를 바르게 해결해야 합니다. 은행이라는 시스템을 개혁하고 화폐 제도를 바꾸면 이 세상은 우정의 웃음꽃이 피어나는 평화로운 세상이 될 거예요.

자, 다시 맨 처음에 했던 평화 이야기로 돌아가 보지요. 여러분의 머릿속에 넓은 공원, 깨끗한 물, 맑은 공기, 큰 숲을 그려 보세요. 그 속에 다양한 야생 동물들이 살아 있고, 공원에서 친구들하고 깔깔대며 놀고, 내 집이 있고 마을 도서관, 좋은 학교, 책방, 좋은 일자리가 있고……. 이런 세상을 우리가 만들 수 있는 거예요. 지금 여러분의 가슴이 두근거리지 않나요? 심장이 뛰는 소리가 커지지 않았나요?

청소년   지금 우리 사회에서 필요한 평화는 무엇일까요?

박성준   저는 이 자리에서 교육을 강조하고 싶어요. 제가 처음 이 강의를 시작할 때 했던 말 기억하시나요? 평화가 어떤 뜻이라고 했지요? 모든 사람의 입에 밥이 골고루 들어가는 것이라고 했습니다. 한국 사회가 절대적 기아 문제는 해결했으니 이제 '밥'의 자리에 '교육'을 놓아서 생각해 볼 수도 있겠지요. 즉 교육을 골고루 받는 게 평화인 거죠.

이번엔 '밥'의 자리에 '교육' 대신 '돈'을 놓아 봅시다. 돈이 부족해서 인간답게 살 집을 구하지 못한다면 그건 평화가 아닙니다. 우리가 바라는 집은 넓은 평수의 고급 아파트가 아닙니다. 비와 눈을 피할 수 있는 집, 가족과 함께 단란하게 살 수 있는 집, 쫓겨나지 않을 권리가 있는 집이 필요합니다. 그리고 그 집이 모든 사람에게 골고루 돌아가면 좋겠지요.

4강

자본주의 바깥을 상상하자

박권일 | 『88만 원 세대』 저자

돈으로 돌아가지 않는 어떤 다른 영역을 상상해 보는 것,
그런 것들이 필요한 것 같아요.
우리가 지금 자본주의가 고도로 발달한 시대에 살고 있기 때문에
모든 걸 다 돈으로 생각할 수밖에 없고
실제로 그게 맞는 측면이 있지만, 아닌 측면들도 있거든요.
결국 '자본주의 바깥'을 상상하는 게 중요한 것 같아요.

박권일

대학에서 철학과 사회학을 공부했고 월간 〈말〉에서 3년간 노동·경제 분야 기자로 일했습니다. 지은 책으로 『88만 원 세대』, 『참여 정부 경제 정책 5년』 등이 있습니다. 계간 〈자음과 모음 R〉 편집 위원이며 현재 대학원에서 사회학을 공부하고 있습니다.

자본주의 바깥을 상상하자
– 호모 이코노미쿠스와 새로운 자본주의 정신

안녕하세요. 박권일이라고 합니다. 『88만 원 세대』를 비롯해 몇 권의 책을 썼고요, 이런저런 글을 발표하고 공부도 하는 사람입니다. 오늘 말씀드릴 주제는 '호모 이코노미쿠스와 새로운 자본주의 정신'입니다. 그동안은 대학생, 성인을 대상으로 강연을 해서, 여러분같은 청소년 세대한테 하는 게 처음이라 고민을 많이 했어요.

그래서 질문하고 대화하는 형식으로 하는 게 좋을 것 같다고 생각했습니다. 제가 일방적으로 얘기하면 보통 절반 정도는 졸더라고요. 자유롭게 질문하고 답변하는 식으로 강연을 진행하겠습니다.

대통령이 셀까, 재벌이 셀까?

제가 질문을 하나 준비해 왔습니다. 이건희와 이명박이란 사람이 있는데, 누구인지 아시죠? 제가 생각하기에 이 둘이 지금 한국에서 제일 힘이 센 사람들이거든요. 그런데 이 둘 중에서 누가 더 힘이 셀까요? 이건희는 삼성그룹의 오너이고 이명박은 현재 대한민국 대통령이고 그렇습니다. (청소년 : "이건희요.", "이명박이요.")

이건희라는 대답이 많았는데, 이명박이라고 생각하시는 분은 왜 그렇다고 생각하세요? (청소년 : "키가 더 커요.") 하지만 눈은 이건희가 더 큽니다. (웃음) 대통령이라서 힘이 셀 것 같다……. 그리고 이건희가 더 셀 것 같다고 생각하시는 분은 왜 이건희가 셀 것 같다고 생각하세요? (청소년 : "돈이 많아서요.") 제가 알기에는 이명박 대통령도 돈이 상당히 많은데, 그래도 이건희에 비하면 "새 발의 피"다?

제 생각도 그래요. 제가 보기에도 이건희가 이명박보다 센 것 같아요. 객관적인 건 아니고 제 생각이 그렇다는 건데요. 그 세다는 기준이 돈이죠, 돈. 그런데 과거에는 조선 시대까지 거슬러 올라가지 않더라도, 불과 박정희가 대통령이던 시절엔 어땠을까요? 박정희가 셌을까요? 아니면 당시 삼성그룹 창업주였던, 이건희의 아버지인 이병철이 셌을까요? (청소년 : "박정희요.")

이병철은 당시에도 재계 1·2위를 다투던 부자였어요. 하지만 당시 사람들은 박정희가 대한민국에서 제일 센 사람이라고 생각했습니다. 그런데 지금은 왜 이건희가 대통령보다 더 세다고 생각할까요? 아마 박정희가 지금 대통령이라고 해도 이건희가 더 세다고 하지 않을까 하고 생각해요. 왜냐면 시대적인 차이가 있기 때문입니다.

상황이 왜 이렇게 달라졌을까요? (청소년 : "사람들의 의식이 변해서", "힘의 기준이 달라져서.") '힘의 기준'이 달라져서라는 게 제가 생각하는 답에 가까워요. 저는 그런 변화를 설명할 때 '힘의 기준'이라는 말보다는 '가치의 기준'이라는 말을 쓰고 싶습니다. 사람들이 대통령을 최고의 권력자라고 생각했던 것도 그리 오래전 일이 아니에요.

사람들이 어떤 가치를 더 중요하게 여기느냐에 따라서 힘의 척도도 달라지겠죠. 사회적인 권력을 재는 척도도 달라질 것이고요. 한국은 지금 '돈'이 가장 강력한 척도가 됐다고 생각합니다. 이건희와 이명박 중 누가 세냐고 물어보면 열에 아홉은 이건희라고 대답하고, 조금만 과거로 돌아가면 답이 달라진다는 게 그 증거라고 생각해요.

　오늘 제가 말씀드릴 '호모 이코노미쿠스와 새로운 자본주의 정신'이라는 주제에서 방점은 '자본주의 정신'이 아니라 '새로운'에 있습니다. 자본주의가 지금 강력하게 인류를 지배해서, 마치 수천 년된 것처럼 보이는데 사실은 기껏해야 200~300년 정도 됩니다. 자본주의가 사람들의 가치를 서서히 돈 중심으로 바꾸어 놓았죠. 대한민국에서는 IMF 이후에 그런 경향이 강해졌다고 생각합니다.

프랑스 학생들은 왜 '과격'한가

　2010년에 프랑스에서 데모가 크게 벌어졌는데, 혹시 뉴스에서 보신 적 있으세요? 고등학생들, 심지어 어린이들까지 거리로 뛰어나와서 바리케이드를 치고 경찰과 대치했습니다. 이들은 왜 싸웠나요? 바로 '연금' 때문입니다. 사르코지 대통령이 연금 개혁법을 밀어붙이다 저항에 부딪힌 겁니다. 언론에서는 고등학생을 비롯한 대학생, 일반인들, 노조를 포함해 300~400만 명이 소위 '폭력 집회', '폭력 시위'를 벌이면서 전국을 무정부 상태로 몰아넣었다고 합니다. 지금의 10대, 혹은 20대가 나이가 들었을 때 받을 수 있는 연금의 액수를 줄이고, 받는 나이도 높이려다 정부가 된통 당한 겁니다.

프랑스 고등학생들은 2006년에도 싸웠어요. 당시 정부에서 학교를 졸업하고 처음 사회에 진출하는 사람들을 비정규직으로 고용할 수 있게끔 해 주는 법안을 추진했습니다. 프랑스에서는 가능한 한 정규직으로 고용하게 되어 있었거든요. 그걸 바꾸려다 비슷한 상황이 벌어진 겁니다.

그렇다면 그들은 왜 그렇게 격렬하게 싸웠을까요? 경찰들이랑 거리에서 돌멩이 집어던지고 싸우는 거, 우리나라는 1980년대에나 있었을 법한 광경들이 프랑스에서 벌어졌습니다. 수백만의 고등학생들이 거리에서 왜 그렇게 죽기 살기로 싸운 것 같습니까?

단순하게 말하자면 결국 돈 때문이죠. 돈이라고 말하니까 굉장히 속물적으로 들리지만, 사실입니다. 자신들이 미래에 차지해야 할 몫을 국가가, 기성세대가 뺏어간다고 생각했기 때문입니다. 자본주의 사회에서 대부분의 싸움, 갈등이나 전쟁은 대부분 이 '돈' 때문에 일어납니다. 그래서 자본주의 사회에서 돈을 얘기한다는 것은 결국 자본주의 자체를 얘기하는 것과 같습니다.

근데 왜 한국에서는 프랑스 같은 시위가 일어나지 않을까요? 실제로 한국은 프랑스보다 훨씬 더 학생들을 억압하잖아요. 아직도 중·고등학생들의 두발을 단속하고 심지어 때리기까지 하잖아요. 대학생들도 상황은 마찬가지입니다. 공기업에서 대졸 초임을 삭감했죠? 기성세대들 즉, 임원이나 이사 같은 사람들의 월급은 올리면서 새로 들어오는 신입 사원들의 연봉을 경기가 어려우니까 깎겠다는 것은 10, 20대 입장에서는 무척 화가 나는 일입니다. 하지만 프랑스 같은 시위는 일어나지 않았습니다.

왜 그럴까요. 우리나라 10, 20대는 돈이 많아서? 착해서? (청소년 : "자기 권리를 인식 못 해서.") 그렇습니다. 자기 권리를 인식 못 해서 그렇죠. 혹은 자기 권리를 인식하더라도 혼자 나서다가 정 맞을까 봐. 우리나라 10, 20대에겐 '같이 나선다'는 믿음이 없습니다.

『프랑스적인 삶』이란 소설 읽어 본 분 계신가요? 장 폴 뒤부아의 자전적 소설인데요. 소위 '68세대' 즉 프랑스의 1968년 혁명을 젊은 시절에 겪은 세대의 삶을 그린 소설이에요. 거기에 보면 남자 주인공이 고등학교 때 데모하는 이야기가 나옵니다. 고등학생 주인공이 친구들이 길거리에서 두들겨 맞는 장면을 보면서 자기도 뛰쳐나가서 싸우거든요. 그런데 고등학생들이 뭘 알겠어요? 그냥 친구들 두들겨 맞고 있으니까 같이 싸운 거거든요.

우리에겐 같이 싸운 기억, 경험이 부족합니다. 물론 1980~90년대에 그런 게 있었어요. 경찰들에게 맞고 있다, 그러면 뛰쳐나가서 같이 싸우는.

아까 말씀드렸듯이 자기 권리에 대한 인식도 필요할 겁니다. 프랑스는 교과서에서 이런 것들을 가르칩니다. 지금 프랑스에서 가르치는 교과서는 68세대가 만든 거예요. 자기 자식 세대를 위해서 만든 교과서인데, 마치 파업 지침서 같아요. 파업을 어떻게 할 것인가, 노조를 어떻게 조직할 것인가, 월급을 떼먹으려고 하는 사장을 어떻게 법적, 제도적, 물리적으로 제지할 것인가 하는 내용들이 '법정 교과서'에 실려 있습니다.

노동 계약서를 어떻게 작성하는지, 부당한 처우를 받았을 때 어떻게 대응하는 것이 합리적인지, 그런 것들이 교과서에 있거든요. 제가 그걸 알게 된 것은 2006년 'CPE 투쟁'•을 보고 '프랑스 애들은 빡세게 싸우는데 왜 한국 애들은 순둥이일까?' 하는 의문을 갖게 되면서입니다. 그러면서 우연히 프랑스 교과서를 접하게 됐는데, 과격하더라고요. 이렇게 과격한 교과서로 배운 친구들이니까 이렇게 싸울 수 있겠다는 생각이 들었습니다.

88만 원 세대, 천 유로 세대

『88만 원 세대』 혹시 읽어 보셨나요? '88만 원 세대'라는 말을 제가 만들었는데 어떻게 계산을 했느냐면, 비정규직 평균 임금 119만 원에 20대 평균 임금 비율을 곱하면 88만 원이 나와요. 근데 이 액수가 우연히도 제가 처음 기자 생활하던 시절 수습 때 받은 월급과 정확히 일치해요. 그때가 2002년도인데 당시도 생활이 어려웠습니다. 그

•최초 고용 계약제(CPE) 반대 투쟁을 말한다. 2006년 1월, 프랑스 정부가 26세 미만의 청년 노동자의 수습 기간을 기존의 1~3개월에서 2년으로 연장하고, 이 기간 동안 해고를 자유롭게 한다는 내용을 담고 있는 법안을 발표하자 프랑스 전역에서 청년들을 중심으로 반대 시위가 일어난다. 헌법재판소에서 합헌 판결을 하고 시라크 대통령이 법안 공포를 강행하지만, 노동자, 학생, 시민의 강력한 저항으로 그해 4월 법안은 철회된다.

런데 지금 이 돈으로 생활이 가능할까 하는 생각이 들었어요.

지금 88만 원이면 혼자서 수도권 외곽 지역에서 반지하 방에 살면서, 정말 필요한 최소한의 부식과 쌀로, 군것질 같은 걸 전혀 하지 않고, 물론 핸드폰도 가장 싼 요금제로 이용하면서, 살면 가능할 것 같아요.

저는 이런 88만 원 세대에 20대는 물론 10대까지도 포함한다고 생각했어요. 그런데 정작 본인들은 이 말을 굉장히 싫어하더라고요. 왜 자기들 세대에 돈, 그것도 많지도 않은 88만 원이란 이름을 붙이느냐는 거죠. 제가 왜 그랬을까요? 왜 하필이면 특정 세대를 일컫는 말에 돈을 갖다 붙였을까요? 제가 강의를 하면서 가장 많이 받았던 질문이에요. 여러분도 '88만 원 세대'란 말이 기분 나쁘게 느껴지나요? 왜 나를 포함한 세대에 이렇게 비참한 이름을 붙였을까 생각해 본 적은 없어요?

88만 원 세대는 『천 유로 세대』라는 소설에서 영감을 받았습니다. 천 유로 세대는 유럽의 젊은이들을 말합니다. 그쪽도 비정규직, 불안정 노동 때문에 굉장히 고통받고 있거든요. 그런 처지를 자조적으로 표현한 게 '천 유로 세대'고, 저는 그거를 한국적 현실에 맞게 표현한 거예요. 사실만 놓고 보면 대학 졸업하고 취업해서 88만 원 받는 친구들은 별로 없어요. 적어도 150만 원 이상은 받아요. 실제로 88만 원을 받는 친구들은 고등학교 중퇴나 중졸 학력으로 일하는 친구들이죠.

'88'은 굉장히 상징적인 숫자고, 실제와는 차이가 있기에 현실성이 없다고 볼 수도 있지만, 그럼에도 제가 '88만 원 세대'라고 이름 붙인 것은 일종의 충격 요법이라고 할까요? 그런 측면이 있습니다.

우리나라에서 중학교 3학년 정도의 자녀가 있는 가정의 생활비가 한 달에 얼마 들 것 같아요? 300만 원이요? 500만 원이요? 대출금도 있나요? 무슨 돈을 갚아야 하죠? (청소년 : "집이요.") 그렇군요. 써야 할 돈이 많습니다. 학원비, 핸드폰 요금, 세금, 한 달에 한 번쯤 외식도 해야 하고⋯⋯. 쓰다 보면 끝이 없을 거 같죠? 1,000만 원이 있어도 모자랄 것 같습니다. 아이폰도 사 줘야 하고 말이죠.

제 주변에 소위 중산층에 속하는 사람들 이야기를 들어 보면 배우자와 합쳐서 연봉이 5,000~6,000만 원 정도 되는데 한 달 지나면 남는 게 없다고 하더군요. 보통 제일 많이 들어가는 게 학원비더라고요. 아까 말씀하신 대출금이라는 건 월세까지 포함된 주거비겠죠. 학원비를 교육에 포함하는 게 어폐가 있긴 하지만, 이렇게 교육비와 주거비가 한국 사람에게 가장 많은 돈이 들어가는 항목인 것은 분명합니다.

이걸 해결하려고 우리나라 사람들은 돈을 법니다. 평생, 퇴직할 때까지. 아마 여러분도 똑같을 거예요. 졸업하고 사회에 진출해서 돈 벌다가, 자식 낳고, 부양하려면 또 돈 벌어야 하고⋯⋯. 어찌 보면 무한 반복인 것 같아요. 저는 오늘 강연에서 이런 우리의 모습을 되돌아보고자 합니다. 왜 우리가 이 짓거리를 계속 해야 하는가, 이걸 끊을 수는 없을까, 돈을 벌더라도 이유는 알아야 하지 않을까, 이유는 알고 돈을 써야 하지 않을까 하는 얘길 하고자 합니다.

돈은 가치 중립적이다

여러분, 돈을 한마디로 정의하면 뭘까요? (청소년 : "재산, 수단, 종이, 능력, 감옥, 신……") 좋습니다. 다 맞는 얘기인 것 같아요. 재산도 맞고, 수단도 맞죠. 수단이란 말이 나왔는데 목적이란 말은 안 나왔네요. 대부분 사람이 돈에 목을 매고 사는데 왜 목적이란 얘기가 안 나왔을까요. 사람들은 "돈은 수단일 뿐이다, 돈은 종이일 뿐이다." 그렇게 얘기하죠. 저도 라디오 방송 같은 데 가면 그럽니다. 돈은 수단일 뿐이라고. 하지만 출연료 안 나오면 당장 전화합니다. 목적이 아니라 수단일 뿐인데 말이죠. (웃음) 돈에 관한 사람들의 생각은 굉장히 이중적인 것 같아요. 맹렬하게 돈을 향해서, 돈을 목적으로 움직이면서 겉으로는 안 그런 척하잖아요.

돈이 능력이라는 말도 맞는 이야기입니다. "개같이 벌어서 정승같이 쓴다"는 말이 있죠? 정승이 누굽니까. 능력 있는 사람 즉, 권력자 아닌가요. 지금은 권력자들이 대부분 지저분하게 돈을 쓰지만 여기서는 품위 있게 쓴다는 뜻이겠습니다. 반대로 '개같이 번다'는 것은 품위 없이, 닥치는 대로, 인간 이하의 방식으로 돈을 번다는 뜻일 겁니다. 이 말 속에는 이렇게 지저분하고 힘들게 돈을 벌지만 쓸 때는 정승처럼, 좋게 쓰자는 희망이 담겨 있다고 봅니다. 하지만 현실에서는 그러기가 굉장히 어렵죠.

그런데 여기서 잊지 말아야 할 것은 돈 자체는 가치 중립적이라는 겁니다. 개같이 벌든 정승처럼 쓰든 다 같은 돈이라는 거죠. 도둑질을 해서 번 돈이든, 부동산 투기를 해서 번 돈이든, 피땀 흘려서 번 돈이든 돈은 그냥 돈이잖아요. 돈에 '과정'이 있나요. 사회에 나가면 똑같은 돈입니다. 김밥 장수 할머니가 고생고생해서 모은 100만 원, 새벽 3시에 일어나서 하루 종일 폐지를 줍는 할아버지가 한 달 동안 모은 돈 100만 원, 졸부집 아들이 룸살롱 같은 데 가서 술값으로 뿌리는 100만 원, 모두 똑같은 '100만 원'이죠. 그래서 "돈에는 눈이 없다, 돈에는 개성이 없고 가치 중립적이며, 단지 객관적인 기준일 뿐이다"라는 말을 하는 겁니다.

요즘 케이블TV나 신문에 대부 업체 광고 많이 나오죠? 저도 매일 문자가 와요. 무슨 팀장님께서 자꾸 문자를 보내서 싼 이자로 돈을 꿔 준다고 합니다. 돈으로 돈을 버는 것, 이런 것들도 사실 돈을 버는 방식이잖아요.

돈은 버는 방식에 따라 크게 두 가지로 나눌 수 있어요. 하나는 어떤 재화를 생산해서 돈을 버는 겁니다. 이걸 '산업 자본'이라고 합니다. 다른 하나는 돈이 돈을 낳는 방식으로 돈을 법니다. '금융 자본'이죠. 이건 돈을 빌려 주면서 성장합니다. 소위 금융 컨설턴트니 뭐니 하는 사람들이 하는 일도 따지고 보면 고리 대금업과 유사합니다. 일반 사채 업자들과 달리 고도의 금융 기법을 이용한다는 차이가 있을 뿐이죠. 이런 방식은 중세 때 유대인들이 사용하기 시작했습니다. 이것이 금융 자본의 기원이라고 할 수 있죠.

산업 자본을 옹호하는 측에서는 금융 자본을 비판합니다. 생산을 안 하니까요. 아무것도 없는 곳에서 가치를 만드는 방식이고, 그것은 결국 거품을 만들 수밖에 없다는 거예요. 『나쁜 사마리아인』이란 책을 쓴 장하준 교수라는 분이 대표적입니다. 이분은 금융 자본, 혹은 주주 자본주의에 대해 매우 비판적입니다. 이분이 쓴 『그들이 말하지 않은 23가지』에서도 강조하는 게 바로 '금융 자본주의'의 위험성입니다.

여러분은 어떻게 생각하세요? 돈이 돈을 낳는 것이 나쁜 일인가요? 돈을 빌려 주면 이자가 붙잖아요. 돈을 굴려서 200만 원을 만드는 것과 노동과 토지와 기계를 들여서 물건을 만들어 200만 원을 버는 것 중 어떤 것은 나쁘고 어떤 것은 좋다고 말할 수 있을까요? (청소년 : "산업 자본은 일에 대한 대가잖아요", "금융 자본은 남의 것을 빼앗잖아요.") 또 다른 의견 있나요? 네, 금융 사업이 남의 것을 빼앗는 거라는 생각은 예전부터 있었습니다. 돈이 돈을 벌어들이는 것을 죄악시하는 전통이 있었지요. 이슬람권 나라는 율법에서 이자를 받는 것을 금지합니다. 그래서 이슬람 계열 은행은 공식적으로는 이자를 못 받습니다(이자 대신 배당금의 형태가 됩니다).

하지만 돈이 돈을 벌어들이는 방식 중에서도 예컨대 주식 같은 건 산업 자본에 다시 투자하기 위한 것으로 받아들이는 것이 일반적입니다. 주류 경제학에서 그래요. 어떤 기업의 미래 가치를 보고 주식을 사는 식으로 투자했다고 했을 때, 그 기업은 산업 자본이겠죠. 그래서 이 산업 자본이 성공해서 이윤이 커졌을 때 배당을 받겠다, 그러면 옳은 것 아닌가요?

우리가 보통은 금융 자본이 아무것도 없는 데서 돈을 벌어들인다고 생각하지만 실제로 그렇게 단순하지는 않습니다. 금융 자본도 오랜 역사가 있고 나름대로 정당한 근거가 있죠. 문제는 거품이에요. 이자에 이자가 붙고 이걸 이용해서 없는 수요를 창출하고, 지금은 없는 이익을 미리 예상해서 그것을 담보로 또 돈을 빌리고……, 이런 과정에서 거품이 생겨서 문제가 되는 겁니다. 기본적으로 금융 자본의 시작은 산업 자본을 받쳐주기 위한 서포터 역할이었습니다. 제가 이런 이야기를 하는 건 돈 자체에는 어떤 가치를 부여할 수 없다는 얘기를 하고 싶어서예요.

돈과 자유

얼마 전 읽은 책에서 "돈은 우리를 자유롭게 한다"는 내용이 나왔습니다. 돈이 없으면 우리는 부자유스럽다. 그러니 결국은 돈이 우리를 자유롭게 하는 것이 아닌가 하는 얘기였죠.

"돈은 자유다." 이 명제에 대해서 여러분은 어떻게 생각하세요? 자본주의 사회에서 일부 진실인 측면도 있죠. 돈이 없으면 하고 싶은 것들을 못하잖아요. 제가 지금 대학원에 다니고 있는데 등록금이 500만 원 가까이 됩니다. 근데 아무리 공부를 하고 싶어도, 대학원에 가서 많이 배우고 나중에 이걸로 사회에 기여하고 싶어도, 일단 그 돈이 없으면 현실적으로 어렵습니다. 어때요, 그렇게 생각하면 "돈이 자유다"라는 명제가 참인 것처럼 느껴지죠?

제 부모님은 제가 글을 쓰면서 산다고 하면 너는 그렇게 돈을 못 벌어서 어쩌려고 그러느냐, 제대로 된 직장에 취직해야 하지 않겠느냐 하고 걱정을 하십니다. 그러면서 '엄마 친구 아들' 얘기를 시작하죠. 아, 요즘은 '엄마 친구 딸'인가요? (웃음) 엄마 친구 아들은 대기업에 취직해서 엄마, 아버지 태국 여행도 보내 줬다더라. 엄마 친구 딸은 벌써 결혼해서 애가 둘인데 너는 뭐 하는 거냐? 그러십니다. 그러면 제가 이렇게 반박합니다. 난 취직하기 싫다, 나는 공부를 계속할 거다, 돈을 왜 벌어야 하느냐, 나 먹고살 만큼만 벌면 되는데. 그러면 어머니는 이렇게 말씀하십니다. 돈을 못 벌면 네가 자유롭지 못하다, 돈은 일단 벌어 놔야 한다, 벌 수 있을 만큼 많이.

어머니께서 돈은 자유라고 얘기하지는 않으셨지만 따지고 보면 그런 뜻입니다. 보통 그래요. "돈은 감옥이다"라고 얘기하시는 부모님은 본 적이 없어요. 어쩔 수 없지만 그래도 돈을 벌어야 하지 않겠니? 이렇게 얘기하시거나 돈이 전부는 아니지만 그래도 벌어야지 합니다. 결론은 어쨌든 돈입니다.

게오르그 짐멜Georg Simmel이라는 사람이 있어요. 독일의 사회학자인데 주류에서 비켜 나간 괴짜라고 해야 하나요. 아무튼 그런 사상가이자 학자예요. 그가 『돈의 철학』이라는 유명한 책을 썼는데, 거기서 이런 얘기를 합니다. "돈은 우리를 신분으로부터 자유로운 개인으로 만들어 주었고, 숫자로 추상화함으로써 인간관계를 중립화시켰다. 타인과의 관계를 돈을 통해 맺도록 강제하는 체제가 바로 자본주의다."

예컨대 봉건 시대는 신분제 사회였잖아요. 귀족이 있고 노예가 있고. 그래서 사람의 관계가 신분 질서에 의해서 맺어졌는데, 자본주의 사회는 그렇지가 않죠. 노예가 벌든 귀족이 벌든 같은 돈이니까, 거기에 차별을 두지 않잖아요. 귀족이 번 돈이라고 해서 노예의 것보다 더 큰 가치를 부여하지 않잖아요. 우리도 정승처럼 버나 개같이 버나를 가지고 차별을 두지 않잖아요. 은행에서 똑같은 이자를 줍니다. 사실은 그것이 굉장히 평등주의적이라는 거죠. 돈이 우리를 신분 질서로부터 해방시킨 측면이 있다는 겁니다. 지금 우리는 돈을 폭력적인 기제로, 우리를 구속하는 것으로 생각할 수 있지만, 당시에는 짐멜의 말처럼 해방적인 측면이 있었습니다.

돈으로 설명할 수 없는 것

게리 베커Gary S. Becker라는 경제학자가 있습니다. 1992년에 노벨 경제학상을 받았지요. '휴먼 캐피털'이라는 말을 최초로 만들어서 유명해졌는데, 글자 그대로 하면 '인적 자본'입니다. 이 사람 주장은 인간, 혹은 정열, 사랑, 뭐 이런 것들을 다 경제학적으로 환산할 수 있다는 겁니다. 이 사람의 지론은 인간의 모든 행위를 경제학적으로 환산할 수 있다는 것입니다. 우리가 범죄를 저지르는 이유, 우리가 결혼하는 이유, 우리가 사랑하는 이유, 어떤 감정적인 노동, 돌봄, 모성, 이런 것까지도 말이죠. 어떻게 보면 극단적인 주장인데, 이걸로 유명해졌고 노벨 경제학상까지 탔습니다.

돈으로 환산될 수 없는 것은 없다는 이 사람의 주장, 맞을까요? 우리가 돈이 전부는 아니라고 얘기는 하지만, 자본주의 사회에서 사실 돈이 있으면 대부분 할 수 있잖아요.

질문을 바꿔서 해 보죠. 그렇다면 돈으로 할 수 없는 게 뭐가 있을까요? 저는 사실 돈으로 환산할 수 없는 것들이 존재한다는 걸 잘 안 믿었는데, 이번에 타블로 사태를 보면서 느꼈어요.

'타진요' 있잖아요. '타블로에게 진실을 요구합니다'라는 인터넷 카페요. 회원 수가 수십만인 그 카페에서 타블로라는 가수의 학력에 대해 문제 제기를 하면서 사건이 커졌잖아요. 그들은 묻습니다. 타블로는 진짜 스탠퍼드에 다녔느냐? 조기 졸업한 게 사실이냐? 그래서 MBC에서 직접 미국까지 가서 취재하고 교수 인터뷰도 합니다.

저도 처음에는 관심이 없었어요. 워낙에 연예인들 안티 팬들이 많잖아요. 그러다 말겠지 싶었는데, 그게 아니더라고요. 몇 년 동안 일이 엄청나게 커졌고 결국은 사회적인 문제가 됐잖아요. 그런데 알고 보니 카페 매니저가 미국에 사는 50대 남자더군요. 저는 무엇보다도 그 사람을 움직인 동력이 궁금했습니다. 무엇 때문에 이 사람이 수년 동안, 하루도 빠짐없이 자료를 수집하고 문제 제기를 할 수 있었을까요? 카페 회원들도 마찬가지입니다. 타블로의 과거를 뒤지고, 관련된 문서 심지어 스탠퍼드 대학교 내부 인트라넷까지 들어가서 졸업 자료들을 일일이 확인했다는데 뭐가 그들을 움직였을까요? 저는 게리 베커도 이들의 행동을 설명 못 할 거라고 생각했어요.

종교가 그렇죠. 종교는 경제 논리로 움직이지 않잖아요. 실제로 '타진요'의 카페 매니저 왓비컴즈라는 사람을 움직인 것도 그런 비슷한 열정일 거예요. 이를테면 자기가 사회 정의를 구현하고 있다는 생각이죠. 저는 그걸 '온라인 정의 구현 사제단'이라고 얘기하는데, 실제로 이런 사람들이 많아요. 만약에 라이벌 연예인의 팬들이 그랬다면 사람들의 반응은 달랐을 겁니다. 그런데 아무런 이해관계도 없는 사람들이 그러니까 믿는 거예요. '아, 저 사람 뭔가 있다.' 하고 말이죠.

이런 현상은 경제학적으로 설명이 불가능합니다. 그런데 현실에서 이렇게 돈으로 설명할 수 없는 일들이 점점 많아지고 있어요. 오늘날 현대 경제학, 주류 경제학의 인간관이 위기에 처했다고 하는 것도 그런 이유 때문입니다.

경제학적 인간관의 위기

혹시 '호모 이코노미쿠스'란 말 들어 보셨어요? 인류를 지칭하는 다양한 말이 있죠? 호모 사피엔스, 호모 파베르⋯⋯. 여기서 '호모'는 인간이란 의미죠. 그렇다면 '호모 이코노미쿠스'란 뭐겠어요. 네, 경제적 인간을 말합니다. 현대 경제학에서 가정하는 인간이 바로 '호모 이코노미쿠스'입니다. 여기서 인간은 효용을 극대화하기 위해서 어떻게 움직여야 하는지를 알고 합리적으로 움직입니다. 이런 전제에서 출발합니다. 우리가 배우는 경제학, 대학교에서 배우는 경제학 원론이라든지 미시 경제학, 거시 경제학이 다 그래요. 그래서 이 전제가 의심받으면 학문과 현실 사이의 관계도 의심받게 됩니다. 사람이 합리적으로 행동하지 않는데 어떻게 그걸 정확히 예측하겠어요.

사실 이런 주류 경제학이 경제 위기를 예측한 적이 거의 없죠? 한국에서 1997년 IMF 사태가 발생할 거라고 예측한 경제학자가 있었나요? 없었죠. 지금 금융 위기가 올 거라고 말하는 사람들도 마찬가지입니다. 장기적으로는 위험이 올 거라고들 하지만 정확하게 언제라고 말하는 사람은 없었어요. 경제학자들은 늘 틀리는 무당이에요. 자기들끼리도 자조적으로 얘기해요. 경제학이 무슨 과학이냐, 만날 틀리는데.

근데 다른 과학, 예컨대 천체 물리학은 안 그렇잖아요. 몇 월 며칠에 일식이 일어날 거라고 예측하면 실제로 그렇게 되잖아요. 그런데 경제학자들이 2008년에는 부동산 거품이 꺼질 것이라고 했지만 오히려 거품이 엄청 커졌거든요. IMF 직전에도 잘나간다는 경제학자들은 호황이 2000년 초반까지 간다고 예측했어요. 1990년대 중반이면 한국 자본주의의 거품이 최절정기였을 때거든요. 너도나도 흥청망청 쓰면서 '아시아의 네 마리 용' 중에서 한국이 가장 발전할 것이다, 국민 소득이 5만 달러를 넘어갈 것이다, 이랬는데 실제로는 어땠어요. 외환 위기를 맞고 국민 소득은 1만 달러로 떨어졌죠.

효용 극대화 원칙에 따라서 인간이 합리적으로 움직인다는 가정, 이 가정 자체를 의심하는 사람들이 많아졌어요. 그러면서 몇 가지 새로운 흐름이 생겨났는데 그중 하나가 소위 말하는 '제도주의 학파'입니다. 『유한계급론』을 쓴 소스타인 베블런Thorstein B. Veblen은 이 학파의 창시자로 불립니다. 그는 부자가 된 것은 정말 돈을 아끼고 합리적으로 행동해서가 아니라고 말합니다. 그때까지만 해도 경제학자들은 이건희가 이건희가 된 이유, 정주영이 정주영이 된 이유는 그들이 합리적인 경제 행위를 해서 돈을 벌고 또 이 돈을 합리적으로 투자했기 때문이라는 식으로 설명해 왔잖아요. 그런데 베블런은 이걸 부정한 겁니다.

베블런은 카네기라든가 록펠러 같은 미국의 거부들을 분석합니다. 그랬더니 이들이 벌어들인 부가 결코 합리적인 방식으로 이루어진 게 아니에요. 록펠러를 비롯한 많은 거부들은 가난한 사람들을 약탈하는 방식으로 부를 축적합니다. 게다가 벌어들인 돈을 쓰는 방식도 합리적이지 않아요. 록펠러 같은 경우는 파티 같은 거 열어서 돈을 막 뿌리고, 심지어 돈을 불태우기까지 하는 그런 말도 안 되는 짓을 많이 했거든요. 이른바 '과시적 소비'를 했죠.

베블런이 경제학계에 기여한 측면이 많지만, 특히 '과시적 소비'라는 개념을 만들었다는 점이 큽니다. 이 개념은 경제학자들뿐만 아니라 인류학자들도 주목했어요. 사실은 이 '과시적 소비'야말로 인간의 보편적인 모습이 아닌가 하고 생각되거든요.

인류학자들이 폴리네시아 원주민들의 삶을 관찰하다 다음과 같은 점을 발견합니다. 원주민 부족이 잔치를 벌입니다. 조개껍데기같이 자기 사회에서 값비싼 재화 등을 쌓아 놓고 잔치를 벌입니다. 잔치를 벌이다가 춤을 추고, 그러다 선물을 나눠 주는데, 이걸 주관하는 사람이 그 부족 중에서 제일 잘사는 사람이에요. 이 사람이 쌓여 있는 물건을 다 나눠 줘 버립니다. 기존 경제학으로는 설명이 어렵죠. 왜 그냥 줍니까? '합리적'이지 않잖아요. 인류학자들은 이걸 일종의 과시로 해석합니다. 자기의 부와 권력을 과시하는 행위. 그런 것들이 원주민들의 행동에도 나타나거든요. 베블런이 『유한계급론』에서 말했던 '과시적 소비'를 보이는 겁니다.

"인류가 보여 주는 비경제적이고 비합리적인 행위들이 있다. 록펠러가 록펠러인 이유는 합리적이어서가 아니라 운이 좋았고, 남들보다 유달리 악독했고, 유달리 도둑질을 잘했기 때문이다."

어때요. 굉장히 냉소적인 이야기지만 베블런은 이걸 실증적으로 증명했어요. 어쨌든 이런 입장, 제도주의 학파의 탄생은 인간이 '호모 이코노모쿠스'라는 기존 경제학의 가정에 대한 반박이기도 했습니다.

'호모 이코노미쿠스'를 부정하는 증거들

마르셀 모스Marcel Mauss라는 인류학자가 쓴 『증여론』이란 책도 이런 가정을 부정합니다. 여기서도 원주민들을 쭉 조사해서 인간이 '호모 이코노미쿠스'라는, 즉 경제적으로 합리적인 행동을 하는 인간이 아니라는 것을 보여 줍니다. 대가 없이 주는 행위, 즉 '증여'란 행위가 인류한테 보편적으로 드러나고 있다는 것을 보여 주죠. 결국 마르셀 모스는 이 책의 결론에서 '호모 이코노미쿠스'가 등장한 것은 채 100년이 되지 않았다고 얘기하거든요.

『거대한 변환』이라는 책도 있습니다. 칼 폴라니Karl Polanyi가 쓴 책인데, 한국에는 '거대한 전환'이라는 이름으로 번역이 되어 있어요. 원제는 'The Great Transformation'이에요. '전환'이라는 건 어떤 것이 뒤집힌다는 의미이고 '변환'은 변형된다는 의미니까, 여기선 '변환'이라고 번역하는 게 맞는 거 같아요.

아무튼 이 세 권의 책, 칼 폴라니의 『거대한 변환』, 마르셀 모스의 『증여론』, 소스타인 베블런의 『유한계급론』 같은 저작들은 "인간이 합리적인 행위를 하고 있다. 인간이 이익을 극대화하는 방향으로 움직인다"는 주류 경제학의 가정에 결정타를 먹인 고전입니다.

이 밖에 최근 들어서 행동 경제학이란 분야가 나왔습니다. 행동 경제학은 인간이 이익을 극대화하는 방향으로 행동하는 게 아니라 손실을 최소화하는 방향으로 움직인다고 얘기합니다. 이런 걸 '로스 어벌전loss aversion'이라고 합니다. '손실 회피 경향' 정도로 번역되겠네요. 이런 주장을 한 대표적인 학자가 허버트 사이먼Herbert A. Simon과 대니엘 카너먼Daniel Kahneman입니다. 두 사람 모두 심리학에 학문적 배경을 갖고 있고 노벨 경제학상을 받았어요. 또 한 명으로는 2000년대에 등장한 아모스 트버스키Amos Tversky를 꼽을 수 있겠네요. 이렇게 세 학자가 행동 경제학 분야에서 선구적인 업적을 쌓은 사람들입니다.

이 사람들이 관찰하고 실험을 했더니 인간이 경제적 행위를 하는데, 손실을 피하는 쪽으로 움직인다는 거예요. 이익을 못 보더라도 그렇게 움직인다는 거죠.

이와 관련해 유명한 실험 하나를 소개할게요. 사람들을 모아 돈을 나눠 줍니다. 그런데 이를테면 똑같이 나눠 줄 때와 차등해서 줄 때와는 행동이 달라요. 당연히 그렇겠죠? 100원을 네 사람에게 똑같이 나눠 주면 네 사람 모두 만족합니다. 그런데 한 사람한테 70원을 주고 나머지 세 사람에게 10원씩 주면 이걸 거부합니다. 불공평하다는 거죠. 기존의 경제학적 가정에서 본다면 나머지 세 사람도 이 돈을 받아야 합니다. 0원보다는 10원이 낫잖아요. 그게 '합리적인 행동'이잖아요. 그런데 실제로는 사람이 그렇게 행동하지 않는다는 거죠. 이런 식으로 인간의 행동 패턴을 경제학적 과정으로 설명할 수 없다는 것을 과학적으로 증명한 게 행동 경제학입니다.

사실은 '호모 이코노미쿠스'라는 가정이 비현실적인 이유는 우리가 효용을 합리적으로 계산하는 것이 물리적으로 불가능하기 때문입니다. 백화점에 수많은 물건이 있잖아요. 그걸 우리가 일일이 비교하고 계산해서 사나요? 어떤 옷을 샀을 때 효용이 8이고, 저 옷을 사면 효용이 7이니까 8짜리 옷을 사야지 하는 사람은 없거든요. 보통은 충동구매를 하거나, 점원의 말에 속아서 사거나 합니다. 실제로는 감성적이고 직관적인 이유로 구매하지 합리적인 어떤 결정이나 선택을 통해서 소비하는 경우는 드물거든요. 그래서 최근 주류 경제학 쪽에서도 행동 경제학 쪽의 가정들을 폭넓게 받아들이는 추세예요.

'착한 소비'는 가능한가

자, 그럼 이제 돈을 어떻게 쓸 것이냐 쪽으로 주제를 돌려 보겠습니다.

돈 버는 방법에 대해서는 책들도 많고 정보도 많습니다. 20대에 몇억 벌기, 30대에 몇억 벌기 하는 책들이 서점에 쌓여 있죠. 그만큼 관심이 많다는 뜻이겠죠. 그런데 막상 번 돈을 어떻게 쓸 건지는 얘기하지 않는 경향이 있습니다. 어떻게 쓰든 무슨 상관이냐는 게 시대정신이어서 그런지는 모르겠지만, 제가 보기에는 돈은 잘 버는 것보다잘 쓰는 게 더 중요합니다.

이제 돈을 어떻게 쓸 것이냐에 대해서 고민해 봅시다. 우리 사회에서 돈을 쓰는 주체는 크게 세 가지로 나눌 수 있는데요. 하나가 '개인'이고, 다른 하나는 '기업', 나머지 하나가 '국가'입니다. '개인'은 노동자, 소비자, 시민입니다. '기업'은 고용 주체, 생산자입니다. '국가'는 말 그대로 국가죠.

개인이라고 할 때는 노동자로서의 개인도 있고, 소비하는 개인도 있고, 투표권을 갖는 정치적 주체로서의 개인도 있을 수 있겠죠. 이처럼 '개인'은 여러 정체성을 포함하고 있습니다.

기업도 마찬가지죠. 노동자를 고용하는 고용 주체로서의 측면도 있고, 재화를 생산해서 사회에 공급하는 생산자의 측면도 있습니다. 이익을 위해서 모든 수단과 방법을 동원해서 움직여 가는 영리 조직이란 측면도 있어요. 국가도 무역이나 경제 정책을 수립하고 실행하는 주체, 그리고 복지를 제공하는 주체, 조세를 징수하는 주체로서의 정체성을 갖고 있습니다. 이렇게 같은 경제적인 주체라고 하더라도 각각 이질적인 측면들이 많아요.

우리가 보통 돈을 어떻게 쓰느냐를 따질 때, 소비자로서의 측면을 주로 이야기하잖아요. 하지만 소비자로서가 아니라 노동자와 시민으로서의 측면을 보는 게 중요하다고 생각합니다. 착한 소비, 윤리적 소비를 얘기할 때도 소비자로서의 개인이 아니라 노동자 혹은 시민으로서의 개인을 염두에 두거든요.

착한 소비, 윤리적 소비라는 말 들어 보셨죠? 이런 말이 나온 배경에 '나쁜 기업'이 있습니다. 어떤 기업이 나쁜 기업이에요? 본인이 생각하기에 나쁘다고 생각하는 기업이 있나요? (청소년 : "△△이요." "○○이요.")

'나쁜 기업'들을 쭉 열거해 봤는데, 사실은 큰 기업치고 나쁜 짓 안 하는 기업이 없을 정도입니다. 화이자 같은 다국적 제약 회사는 아프리카 같은 못사는 데 가서 생체 실험을 하죠. 동물 실험은 그냥 할 수 있지만, 인간을 대상으로 한 실험은 선진국에서는 하기 어렵거든요. 그래서 불법적으로 하는 거죠, 아프리카 어린이들을 대상으로.

나이키, 아디다스는 어린이 노동 착취로 문제가 됐습니다. 축구공 만들 때 아이들처럼 손이 작아야 꿰매기 쉽거든요. 그래서 방글라데시 같은 나라에 가서 싼 가격에 어린이들을 씁니다. 유전자 조작으로 식량 안전을 위협한다는 주장이 있죠. 몬산토를 비롯한 글로벌 농업 기업들이 후진국들의 농업 기반을 파괴한다는 비판도 있습니다.

지금까지 우리가 말한 것들, '나쁜 기업'에 대한 비판들이 나온 지는 그리 오래되지 않았어요. 가장 큰 계기는 환경 운동에서 나왔습니다. 환경 운동 진영에서 환경 파괴를 하는 기업들을 문제 삼았고 이런 문제 제기가 공감을 얻으면서 전 세계로 퍼져 나가기 시작했습니다.

『나쁜 기업』이라는 책이 있습니다. 한스 바이스Hans Weiss와 클라우스 베르너Klaus Werner가 함께 쓴 책인데, 여기서 그들은 '나쁜 기업'들의 리스트를 쭉 뽑아서, 어떤 나쁜 짓을 했는지 일일이 적고 있습니다. 그리고 우리가 노동자로서 혹은 시민으로서 이런 '나쁜 기업'들의 제품들을 사지 말 것을 제안합니다. 그런데 현실적으로 쉽지 않잖아요. '나쁜 기업'들이 생산하는 물건들이 대부분 지금 우리가 일상적으로 쓰는 것들이잖아요.

애플도 '나쁜 기업'이에요. 저도 애플의 아이폰을 쓰고 있는데, 애플은 홍콩에서 노동자들을 착취했다는 구체적인 혐의를 가진 기업입니다. 아이폰을 생산하는 업체에서 노동자들이 죽기까지 했어요. 그렇다고 해서 현실적으로, 우리가 그 기업이 만든 제품을 안 쓸 수 있나요? 홈플러스 안 가고, 이마트 안 가고, 핸드폰 안 쓰고, 텔레비전 안 보고, 컴퓨터 안 하고, 유기농만 먹고……. 이론적으론 가능하죠. 하지만 그렇게 살 자신 있으세요?

로빈슨 크루소가 되지 않는 이상 '나쁜 기업'이 짜놓은 촘촘한 그물망에서 벗어날 길은 없어 보입니다. 제가 말씀드리고 싶은 것은 현실적으로 실천이 어렵기도 하지만, 나쁜 기업의 물건을 쓰지 않는다는 것으로 위안을 삼고 넘어가선 안 된다는 것입니다.

'삼성이 나쁜 기업이니까 나는 삼성 걸 안 쓴다. 대신 엘지 제품 쓰고, 홈플러스 안 가는 대신 이마트 가면서 불매 운동하고 있다. 그러니까 나는 착한 소비자다(?)'어떻게 생각하세요? 우리가 진정으로 '나쁜 기업'의 마수에서 벗어나려면 어떻게 해야 할까요? 제가 몇 가지 대안을 만들어 볼게요. 첫째, 원시 공동체를 만든다. 둘째, '착한 기업'을 만든다. 셋째, 생활 협동조합을 만든다. 이 정도면 될까요? (청소년 : "중고를 써요.") 좋습니다. 하지만 중고만 쓰다가는 수요가 줄어서 경제 발전에 저해가 일어날 수도 있다는 의견도 일리가 있겠죠. (청소년 : " '착한 기업' 물건을 써요.") '착한 기업'은 어떤 기업이에요? 예를 들어볼 수 있을까요? (청소년 : "사회적 기업", "안 나쁜 기업") 예, 우리가 이런 부분에 대해서는 충분히 고민해 볼 필요가 있습니다.

그리고 이런 대안들에 대해서 비판적인 분도 계세요. 『윤리적 소비』를 쓰신 천규석 선생님이 대표적입니다. 그분은 '착한 기업'의 제품을 사는 것만으로 되겠느냐고 말합니다. 요즘 '공정 무역'이 주목받잖아요. '공정 무역 커피'라고 들어 보셨죠. 재배 농민들에게 정당한 대가를 지불하고 들여온 커피를 마시자는 주장이죠. 여기에 대해 천규석 선생은 커피 재배 농가들이 자기들 먹을 밀도 재배하지 못하고 거기에다 커피를 재배하는데, 식량 자급자족도 되지 않는 그 나라가 계속 커피를 재배하게 하는 게 우리가 할 일이냐고 묻습니다.

사실 커피를 재배하는 나라 중엔 못사는 나라가 많죠. 그 나라 사람들은 경작지에 자기들 먹고살 작물 대신 커피를 재배해요. 그거 판

돈으로 몬산토 같은 글로벌 기업에서 비싼 돈을 주고 GMO 농산물을 사 먹습니다. 이런 상황에서 '착한 소비'가 될 수 있겠느냐고 묻는 것입니다. 어떻게 생각하세요?

자기 지역에서 난 농산물을 다른 지역에 파는 대신, 멀리서 먹을 걸 사오는 것 대신 자기 지역에서 자기들이 먹을 걸 재배하는 게 옳다고 말하는 사람들이 있어요. '로컬 푸드'라는 말 들어 보셨죠. 그렇게 되면 지역 경제도 살리면서 운반에 따르는 에너지 소비량도 줄어든다고 합니다.

그러려면 소비를 줄여야 합니다. '착한 기업' 물건을 사는 게 아니라 아예 소비 자체를 줄여야 한다는 거죠. 천규석 선생이나 〈녹색평론〉의 김종철 선생님 같은 분들은 이렇게 말씀하세요. 소비 자체를 줄이지 않고서는 이 악순환을 해결할 수 없다고 말이죠.

효율성이라는 잣대만으로 본다면 로컬 푸드를 생산하고 식량을 자급자족하려면 공장을 없애고 그 자리에 농사를 지어야 하는데 그럼 지금까지 써 왔던 모든 재화를 포기해야 하거든요. 그게 가능할까요? 한국 사람들이 그럴 각오가 있을까요?

'자본주의 바깥'을 상상하는 일

막스 베버Max Weber의 『개신교 윤리와 자본주의 정신』이라는 책이 있습니다. 거기에 보면 자본주의 체제의 배경에 개신교 윤리가 있다고 합니다. '청교도 윤리'라고도 하는데, 근검절약같이 자본 축적을 돕는 가치관이 종교적인 계율 속에 있었다는 얘기죠.

뤽 볼탄스키Luc Boltanski라는 사람이 쓴『새로운 자본주의 정신』이라는 책이 있습니다. 여기서 그는 1968년 프랑스 혁명, 즉 68혁명이 어떻게 새로운 자본주의 정신을 잉태시켰는지를 말합니다. 자본주의에 가장 반대했던 정신이 어떻게 새로운 자본주의, 소위 얘기하는 신자유주의 이후의 정신을 잉태했는지를 썼어요. 여기서 말하는 '새로운 자본주의 정신'이란 이런 거예요. 우리가 지금까지 자본화시킬 수 없었던 열정, 사랑, 모성, 돌봄 같은 것들까지 모두 다 자본화시킬 수 있다는 생각이에요. 사실 신자유주의가 그런 거거든요. 그러니까 이 '새로운 자본주의 정신'에는 우리가 탈출할 수 있는 공간이 없죠. 즉, 우리가 아까 말했던 착한 기업이나 착한 소비니 하는 것도 다 하나의 자본주의 테두리 안으로 포섭되는 거예요.

윤리적 소비나 사회적 기업이라고 할 때도 결국 개인을 '소비자'라는 하나의 정체성으로 환원시키는 결과만 낳게 되거든요. 우리는 소비하는 주체이면서도 동시에 시민이고, 한 국가의 구성원이고 한 가족의 성원이고, 이처럼 여러 가지 정체성을 가지고 있잖아요. 우리가 대안을 말할 때조차 은연중에 개인을 소비자로 전제하는 오류를 넘어서야 한다는 거죠.

우리가 소비자라는 차원에 머문다면 사실 정치는 필요 없죠. 국가는 시장에 걸림돌이 될 뿐이잖아요. 장애인이나 경제 활동을 할 수 없는 사람들에게 복지 서비스를 제공하는 것은 이윤을 바라고 하는 게 아니거든요. '시장 원리'에 어긋나는 행위죠. 국가의 역할을 줄여야 한다, 복지 지출을 줄여야 한다, 국가가 복지에 투자해서 재정 적자가 너무 많다고 주장하는 이유도 그렇습니다. 하지만 이런 주장에는 어폐가 있어요. 국가는 원래 재정 적자가 생길 수밖에 없는 조직이거든요. 왜냐하면 대가 없는 복지를 제공하는 주체이기 때문이에요. 국가가 이윤을 내야 한다면, 못사는 사람들은 다 도태되어야 하겠죠.

개인을 보는 관점도 그렇습니다. 개인이 항상 경제적 효용을 최대화시키는 그런 합리적 소비자여야만 하나요? 아니죠. 대가를 바라고 자식한테 뭔가를 주나요? 아니거든요. 대가를 바라고 부모님한테 선물을 주나요? 아닙니다.

결론적으로 제가 말씀드리고 싶은 것은, '새로운 자본주의 정신'을 이야기할 때 '자본주의 바깥'을 상상하는 게 가장 중요하다는 겁니다. 돈이 없는 사회를 상상하는 것.

예를 들어 존 로머John Roemer라는 사회주의자는 '쿠폰 사회주의'를 상상합니다. 그 내용을 책으로도 냈어요. 물론 현실화되진 않았지만, 그의 주장은 공동체에서 돈 없이 쿠폰만 가지고 생활하자는 겁니다. 한 공동체에서만 유통되는 쿠폰으로 생활한다는 건 결국 그 공동체 내부에서 자급자족한다는 뜻이에요. 다른 공동체에 가서는 그 쿠폰을 사용할 수가 없으니까. 이처럼 우리가 새로운 자본주의를 상상할 때 돈으로 돌아가지 않는 어떤 다른 영역을 상상해 보는 것, 그런 것들이 필요한 것 같아요.

우리가 지금 자본주의가 고도로 발달한 시대에 살고 있기 때문에 모든 걸 다 돈으로 생각할 수밖에 없고 실제로 그게 맞는 측면이 있지만, 아닌 측면들도 있거든요. 결국 '자본주의 바깥'을 상상하는 게 중요한 것 같아요.

"개처럼 벌어서 정승같이 쓸 수 있을까?"라는 질문 속에는 이런 고민이 담겨 있다고 생각합니다. '어떻게 인간의 품위를 지키면서 소비 생활을 할 수 있는가.' 인간의 품위를 지킨다는 것은 결국 돈으로는 설명되지 않는 영역이 있다는 것을 인정하는 것입니다. 돈으로 설명되지 않는 '자본주의 바깥'을 상상하는 것, 그런 것들이 바로 '새로운 자본주의 정신'을 위해 필요한 것 같습니다. 제 강의는 여기까지 하는 걸로 하고요. 질문이나 궁금한 점 듣도록 하겠습니다.

저항의 가능성

청소년　자본의 힘이 계속 세져서 자본 바깥에 있는 것이 약해지면 안 되잖아요. 가만히 있으면 자본에 잡아먹힐 것 같은데 어떻게 하면 힘을 키울 수 있을까요.

박권일　자본 바깥에 뭐가 있을까요? 마음? 아까 잠시 얘기했던, 부정적인 사례이긴 하지만 네티즌들이 타블로의 학력에 집착하는 그 열정, 저는 그게 꼭 나쁜 것만은 아니라고 생각해요. 저는 그들을 움직인 것이 거친 의미에서의, 어떤 정의에 대한 감수성이라고 생각하거든요. 자기 이해관계와 아무런 관계가 없어요. 미국에 사는 50대 남자의 삶과 타블로는 접점도 없고 아무런 이해관계도 없는데, 몇 년 동안 뒷조사를 하고 자료를 수집하는 열정의 뿌리까지 내려가 보면 정의에 대한 어떤 관념, 소박한 정의에 대한 관념이 있는 거거든요.

얼마 전에 『정의란 무엇인가』라는 책으로 유명해진 마이클 샌델 Michael Sandel 교수가 우리나라에 와서 강연했습니다. 사실 '정의' 는 돈으로 계산할 수 없는 측면이죠. 우리가 정의를 돈으로 계산할 수 있나요? 없죠? 오히려 정의는 기본적으로 경제적 환산 같은 것들에 저항하는 측면을 갖고 있습니다.

빈털터리인 상황에서 누가 나한테 10원을 주는데, 내 옆에 있는 애한테는 90원을 줬다. 그럼 우리는 그 돈 10원을 거절합니다. 경제학적으로 설명이 안 돼요. 하지만 여기에는 '정의'라는 가치가 숨어 있습니다. 우리의 행동에는 사실 돈으로 계산할 수 없는 영역이 있는 겁니다.

한 가지 사례를 더 들어 볼까요. 프로 게이머들 있죠. 임요환 같은 선수들은 돈도 잘 법니다. 이걸 꿈꾸는 친구들은 지금도 컵라면을 먹어 가면서 열정적으로 연습합니다. 하루에 열 몇 시간씩 '노동' 하지만 돈은 별로 못 받습니다. 그런 것들이 '열정 노동'이에요. '열정 노동'의 예는 한둘이 아닙니다. 안타까운 건 이런 열정을 기성세대가 착취한다는 거예요.

'인턴사원'만 하더라도 그렇습니다. 과거엔 인턴사원이 없었어요.

대신 수습사원 개념이 있었죠. 인턴사원 제도가 생기자 젊은 친구들이 길게는 1년 가까이 일반 사원의 반도 안 되는 월급을 받고 일합니다. 회사는 단지 정규직이 될 수 있다는 가능성만 주고 계속 부려먹는 거죠. 뽑아 놓고 열정을 가지라고 말하는 게 아니라, 열정을 가져야 뽑아 준다는 식으로 착취하는 거죠.

그런 것들에 저항하는 것, 이건 정의가 아니다, 공정하지 않다, 이렇게 문제 제기하는 것이 '자본주의의 바깥'을 만들어 가는 것 같아요. 경제적인 합리성으로만 따진다면 바보 같은 짓이죠. 가만히 있으면 정규직이 될 수도 있잖아요? 예쁘게 보이면 잘될 수도 있는데, 괜히 입바른 소리 했다가 찍혀서 취직도 못하고. 하지만 장기적으로, 집단 전체로 봐서는 저항하는 것이 오히려 더 큰 이익이 될 수도 있다는 겁니다.

청소년 자본주의하고 공산주의 말고도 뭔가 새로운 시스템이 있을 거 같은데요. 학자들이 생각한 것 중에는 뭐가 있죠?

박권일 학자들이 생각한 건 없는 것 같아요. 아까도 얘기했듯이 자본주의 바깥은 없다, 자본주의 이후도 없다는 게 대다수 학자의 사고 방식이에요. 프랜시스 후쿠야마Francis Fukuyama 같은 우파 학자는 『역사의 종말』에서 역사는 끝났다고 했습니다. 사회주의가 망하면서 역사의 종언을 선언했거든요. 사회주의, 공산주의, 자본주의 이후는 없다는 거죠. 자본주의 바깥은 없고, 역사는 끝났고……. 그런 식의 담론들이 팽배했습니다.

그 이후의 것들을 상상해 가는 것이 우리의 몫인 거죠. 후쿠야마의 선언과는 조금 다르지만, 사실 중세 때도 종말론이 지배했었잖아요. 언젠간 종말이 와서 다 휴거될 거다. 그런 식의 종말론적 세계관은 계속 반복되는 것 같아요. 그런 것들을 극복하니까 인간이고 발전도 있는 것이죠. 그 바깥의 다른 것들을 상상했기 때문에 자본주의가 나왔고, 사회주의가 나왔던 거죠.

질문 더 없으신가요? 그럼 이상으로 강연을 마치도록 하겠습니다. 감사합니다.

9 788993 463248

5강

돈이란 무엇인가?

강신주 | 철학자

좋은 상품성을 가진 삶과 훌륭한 삶은 분명히 다릅니다.
'나'라는 사람이 태어나서 지금까지 어떻게 살아왔는가,
앞으로 어떤 삶을 살 것인가, 내가 정말 하고자 하는 건 무엇인가와 같은
근본적인 질문을 던져 봐야 합니다.
학교 성적 올리려고 영어, 수학 공부하기 전에
정말 내가 원하는 것을 아는 게 중요합니다.

강신주

연세대학교 대학원 철학과에서 「장자 철학에서의 소통의 논리」로 박사 학위를 받았습니다. 강단 철학에서 벗어나 대중 아카데미 강연과 책을 통해 자신의 철학적 소통과 사유를 가능한 많은 사람들과 나누기를 원합니다. 쉽게 읽히는 철학을 지향하고, 철학과 문학을 동시에 이야기하며 이성과 감성을 만족시키는 철학자입니다.

돈이란 무엇인가?

여러분 반갑습니다. 강신주입니다. 제가 돈을 주제로 두 번에 걸쳐 강연할 텐데요. 오늘은 그 첫 번째 강의 '돈이란 무엇인가?' 입니다.

여러분, 과연 돈이 뭘까요? 돈에 대해 누구나 잘 알고 있는 것 같지만 정작 정의를 내리려고 하면 쉽지 않지요. 일단 돈에 대해 제가 어떻게 생각하는지 말씀드려 볼까 합니다.

자, 여러분 여기 돈 보이죠? 이걸 한번 찢어 보겠습니다. 다른 분들도 돈을 꺼내서 저처럼 찢어 보세요. 어때요. 돈 찢는 거 처음 보죠? (청소년 : "예") 이게 바로 제가 생각하는 돈의 실체입니다. 설명을 계속해 볼게요.

성경에도 나오는 돈의 마력

제가 이걸 찢는 순간, 돈은 그냥 종이에 불과해요. 종이로 뭐 만들죠? 딱지도 만들고 종이비행기도 만들고 하잖아요. 그런 종이와 다를 바가 하나도 없습니다. 하지만 찢기 전까진 어떻습니까? 우리가 그토록 숭배하는 자본주의의 상징입니다. 제가 상징이라고 말하는 이유는 마치 교회의 상징인 십자가와 비슷하기 때문입니다.

나무로 만든 십자가가 있다고 칩시다. 우리가 그걸로 할 수 있는 일이 뭘까요? 그걸로 등이라도 시원하게 긁을 수 있습니까? 장작으로 사용할 수 있나요? 설령 그럴 수 있다고 해도 종교인이라면 그럴 수 없습니다. 왜냐하면 그 나무 십자가는 신을 상징하고 있으니까요. 돈도 마찬가지입니다. 사람들이 거기에 가치와 의미를 부여하지 않는다면 돈은 종잇장에 불과합니다. 그런 의미에서 돈은 종교와 비슷해요.

우리는 모두 돈을 믿습니다. 돈만 있으면 뭔가 할 수 있다는 걸 잘 알고 있지요. 만약 사람들이 이 믿음을 버린다면 자본주의는 붕괴합니다. 한번 생각해 보세요. 여기 모인 사람들이 자기가 가진 지폐와 동전을 찢거나 버린다면 어떻게 될까요? 나아가 우리나라 사람들이 모두 우리를 따라서 가진 돈을 몽땅 태워 버린다면 어떻게 될까요?

하지만 그럴 일은 없을 겁니다. 머릿속으로는 아무리 자본주의를 비판한다고 해도 실제 돈을 부정하고 살 수 없는 게 현실이니까요.

제가 신약성서 「요한복음」의 한 구절을 읽어 보겠습니다.

예수님께서 이렇게 이르시고 나서 마음이 산란하시어 드러내 놓고 말씀하셨다. "내가 진실로 진실로 너희에게 말한다. 너희 가운데 한 사람이 나를 팔아 버릴 것이다." (중략) 그때에 예수님께서 유다에게 말씀하셨다. "네가 하려는 일을 어서 하여라." 식탁에 함께 앉은 이들은 예수님께서 그에게 왜 그런 말씀을 하셨는지 아무도 몰랐다. 어떤 이들은 유다가 돈주머니를 가지고 있었으므로, 예수님께서 그에게 축제에 필요한 것을 사라고 하셨거나 또는 가난한 이들에게 무엇을 주라고 말씀하신 것이려니 생각했다.

열두 제자의 한 사람인 유다가 예수를 배신하는 장면입니다. 그런데 여기서 눈여겨볼 게 있어요. 바로 유다의 '돈주머니'입니다. 과연 유다가 돈이 아니었으면 예수를 팔아넘겼을까요? 아마도 그러지 않았을 겁니다. 유다에게 돈은 신의 아들보다 강력한 존재였던 거죠.

지금도 마찬가지 아닌가요? 사랑에도 돈이 필요합니다. 이성 친구를 사귈 때도 가난한 사람보다 부자가 더 매력 있다고 공공연히 얘기하잖아요. 그때나 지금이나 돈의 힘은 막강합니다.

돈은 왜 생겼을까?

그럼, 이제 본격적으로 '돈이란 무엇인가?' 하는 질문에 답을 구할 차례입니다. 저는 이 질문에 대한 답을 다음 네 가지로 요약해 보았습니다.

첫째, 돈은 상품과 함께 발생한다.
둘째, 돈은 모종의 권력을 전제한다.
셋째, 돈은 종교적 가치를 갖는다.

넷째, 돈은 인간을 지배하고 인간관계를 매개한다.

먼저 첫 번째 '돈은 상품과 함께 발생한다'는 사실을 설명하려면 '상품'에 대한 이해가 필요합니다.

여러분, '물물 교환'이라는 말 들어 보셨죠? 과거 인류는 서로 필요한 물건을 교환하면서 살았습니다. 예를 들면, 벼농사를 짓는 사람은 먹고 남은 쌀을 내놓고, 사과를 재배하는 사람은 남은 사과를 내놓습니다. 이렇게 두 사람이 각각의 물건을 주고받는 것이었지요.

이때 남은 쌀, 남은 사과들은 그 자체로 '상품'이자 '돈'이 됩니다. 쓰고 남은 물건은 누군가에게 줄 목적으로 시장에 나오게 되면서 '상품'이 되는 것입니다. 동시에 그 '상품'으로 다른 물건을 구매하게 되므로 지금의 '돈'과 같은 역할을 했다는 뜻이지요. 그러나 이때까지만 해도 현물이 지금처럼 돈의 기능을 충실히 수행하기는 어려웠습니다. 몇 가지 문제점이 있었거든요.

여러분, 먹고 남은 쌀이나 사과 같은 물건들은 시간이 지나면 어떻게 됩니까? 네, 그렇습니다. 썩어요. 제아무리 혁신적인 방법을 쓴다 해도 자연에서 난 것들은 썩기 마련입니다. 하물며 지금처럼 마땅한 저장 방법이 없었던 과거에는 이게 심각한 문제였겠지요. 일정 부분 '돈'의 역할을 하던 농작물이나 과일, 해산물 같은 것들은 쉽게 상했으니까요. 그래서 사람들은 현물 대신 오래 두어도 변하지 않는 것을 찾아야 했습니다.

우리가 교과서를 통해 잘 알고 있는 대표적인 원시 화폐인 조개껍

질은 어떻습니까? 안 썩죠. 나중에 화폐로 쓰인 금속류는 더욱 안전합니다. 요즘 화폐는 어떻습니까. 아예 형체가 없습니다. 인터넷 뱅킹 해본 사람은 잘 알 거예요. 숫자만 두드리면 됩니다. 이렇게 화폐를 발명함으로써 인류는 가치를 오래도록 보존하는 문제를 해결했어요.

그런데 물물 교환 형태의 경제 활동에는 또 하나 문제가 있었습니다. 물건마다 가치가 달라 교환할 때 어려움이 있었던 것입니다. 예를 들어, 쌀을 가져온 사람은 사과가 필요한데 사과를 가져온 사람은 쌀이 아니라 물고기가 필요할 수 있잖아요. 그럴 때는 거래가 이루어지지 못합니다.

하지만 화폐를 사용하면 이런 문제가 해결됩니다. 화폐를 가진 사람은 쌀, 사과, 물고기 등 모든 물건을 살 수 있잖아요. 게다가 화폐가 교환의 기준이 되면서, '쌀 한 가마니에 물고기를 몇 마리 바꿔야 하지?' 같은 문제도 해결할 수 있게 되었습니다. 화폐를 1로 놓고 물고기는 5, 쌀은 10과 같이 정하면 되니까요. 이것이 바로 화폐의 두 번째 기능입니다.

이처럼 돈은 상품 거래를 편리하게 하기 위한 인류의 발명품이라고 할 수 있습니다. 아까도 잠시 말했지만, 이렇게 생겨난 돈은 진화를 거듭해서 오늘날엔 '신용'의 형태로 존재하게 됩니다. 더 편리하고 가벼워진 거예요.

여러분 부모님들 '신용 카드' 쓰죠? 얼마나 편리합니까. 게다가 작고 가벼워서 지갑에 쏙 들어갑니다. 예전처럼 돈뭉치를 들고 다닐 필요가 없어졌어요. 그뿐입니까. 신용 카드는 누군가 훔쳐간다고 해도 문제 될 게 없습니다. 은행에 신고하고 다시 발급받으면 되니까요. 중요한 건 은행에 있는 부모님의 거래 데이터이지 카드 자체가 아닙니다. 진짜 큰 문제는, 은행 전산망에 오류가 생겨 거래 데이터가 손상되거나 삭제되는 경우일 겁니다. 그러기 전까지는 안전한 형태로 영원히 보존되는 것이 바로 오늘날의 돈이에요.

여러분도 영화에서 가끔 보았을 테지만, 전 세계의 모든 돈거래 전산망을 일시에 마비시키면 지금 당장에라도 자본주의는 정지합니다. 아무튼, 이렇게 돈이 신용의 형태로 존재하는 오늘날에는 전통적인 돈의 사용은 점점 줄어들고 있어요.

지갑에 만 원짜리 다섯 장을 가진 친구와 신용 카드 한 장을 가진 친구가 있다고 칩시다. 앞의 친구는 딱 5만 원까지 쓸 수 있지만, 뒤의 친구는 카드 한도액까지 쓸 수 있으니까 3, 4백만 원의 현금을 가진 것과 마찬가지입니다. 이것만 보아도 현대 사회에서의 전통적인 화폐를 통한 거래보다 신용을 통한 거래가 훨씬 그 규모가 크다는 것을 알 수 있습니다.

화폐의 진화와 관련하여 제가 말씀드리고자 하는 것은, 이렇게 최첨단을 걷게 된 오늘날의 화폐도 그 기원은 물물 교환 시대까지 거슬러 올라간다는 것이고요. 쓰고 남은 물건 즉 '상품'을 거래하기 위한 수단으로 탄생했다는 사실입니다.

돈은 권력에서 나온다

다음으로 '돈이란 무엇인가?'에 대한 두 번째 대답 즉, '돈은 모종의 권력을 전제한다'를 살펴볼 차례입니다.

물물 교환의 이면에는 사람들의 집단인 '공동체'가 전제되어 있습니다. 예를 들어 물물 교환 시대에 옷을 만드는 사람 A와 벼농사를 짓는 사람 B가 있었다고 칩시다. 이때 B는 A보다 거래에서 유리한 위치를 차지합니다. 옛날에는 먹는 게 입는 것보다 중요했으니까요. 당장 끼니를 걱정해야 하는 사람에게 옷은 아무런 소용이 없습니다. 당연히 B는 A와 바꾸지 않을 확률이 높습니다. 바꾼다고 하더라도 많은 옷을 요구하겠지요.

여기서 문제가 발생합니다. 필요한 물건이 있지만 평화롭게 주고받을 수 없을 때 즉, 아무리 많은 옷을 주어도 B가 쌀을 팔지 않을 때 '권력'이 작동합니다. 힘센 사람이 강제로 뺏게 된다는 거죠. 정말 힘이 센 사람은 아예 거래를 무시할 수도 있을 겁니다. 그러면 어떻게 됩니까. 필요한 물건을 사람들이 나눠 갖는 데 문제가 생깁니다. 이걸 해결하기 위해 '공동체'가 개입합니다. 대표적인 공동체인 국가는 예전부터 이러한 기능을 수행해 왔습니다.

옷과 쌀을 바꾸려면, 반드시 농사를 짓는 B가 있어야 하고 당연히 옷을 만드는 A도 있어야 합니다. 그런데 B가 자기 먹을 쌀만 경작하면 A는 굶어 죽거나 약탈을 할 수밖에 없어요. A도 마찬가지예요. 안정적으로 여분의 옷을 만들지 못하면 나머지 사람들이 헐벗게 됩니다. 그러면 공동체는 와해돼요. 공동체의 권력이 개입하지 않을 수 없는 상황이 되는 겁니다. A와 B가 안정적으로 여분의 '상품'을 만들어 거래할 수 있으려면 이처럼 국가권력 혹은 모종의 공동체가 전제되어야 하는 겁니다. 즉, 교환이 성립되면 공동체가 있다는 얘기고 공동체가 있다는 건 바로 권력이 있다는 얘기가 되는 거죠.

돈과 국가

돈에 의한 교환에도 교환을 보증하는 권력이 존재한다는 걸 망각해서는 안 됩니다. 정치적 권력의 정도에 의해 개별 국가의 돈의 가치도 결정되는 법입니다. 달러가 원화보다 더 강력한 교환 가능성을 갖게 된 것도 이런 이유에서라고 볼 수 있습니다.

반대로, '돈의 힘'이 국력을 키우기도 합니다. 미국이 강력한 힘을 발휘하는 이유가 바로 이것입니다. 미국 돈인 달러가 세계 무역에서 쓰이는 '기축 통화'이기 때문입니다. 미국 돈을 안 쓰면 미국의 힘도 약해진다는 얘기지요. 생각보다 쉽죠? 그저 달러를 안 쓰면 된다니……. 하지만 그렇게 되도록 미국이 가만히 있지 않을 겁니다.

어떤 나라가 무역 거래에서 달러를 거부했을 때 미국은 다양한 방식으로 압박할 것입니다. 최종적으로는 무력도 고려할 거고요. 지금 미국과 함께 초강대국으로 성장하고 있는 중국도 힘을 키우기 위해 같은 방식을 사용할 것입니다. "우리 돈 위안화 써! 안 써? 안 쓰면

혼난다!" 이런 식으로 말이죠.

이해가 되지요? 이렇게 돈도 나라마다 가치가 있습니다. 힘센 나라의 돈은 가치가 높고 그렇지 못한 나라의 돈은 가치가 낮습니다.

예컨대 우리나라가 세계 자본주의 나라 중 서열 12위라면 우리 돈의 가치도 12위 정도가 됩니다. 그랬을 때 우리나라가 쓰는 돈은 우리보다 서열이 높은 나라의 돈이에요. 달러, 엔, 위안, 유로는 써요. 왜냐하면 우리보다 더 힘이 센 돈이니까. 하지만 '서열'이 한참 낮은 아프리카 나라의 돈은 위험해서 못 씁니다.

이렇게 '돈의 위계'만 봐도 돈의 뒤에는 권력이 서 있다는 걸 쉽게 알 수 있습니다. 그리고 그 권력은 시시때때로 변합니다. 지금은 미국 돈이 가장 세지만 갈수록 상황은 달라질 겁니다. 지금은 '기축 통화'의 지위를 차지하는 달러도 미국의 힘이 약해지면서 그 가치가 떨어지게 되어 있어요.

지금이 바로 그 과도기예요. 중국과 미국이 힘을 겨루고 있습니다. 아직은 미국이 세계에서 제일 힘이 센 나라니까, 자기들 맘대로 달러를 찍어도 거기에 따를 수밖에 없습니다. 하지만 앞으로도 그럴 수 있을지는 지켜봐야 해요. 이렇듯 돈은 권력의 통제를 받습니다. 세계 무역에서 사용되는 화폐가 대부분 힘센 나라의 돈이라는 게 그 증거예요.

애덤 스미스 등 고전파 경제학자들이 경제학을 정치 경제학이라고 불렀던 것도 다 이유가 있었던 셈입니다. 정치와 경제가 따로 노는 게 아니라 하나의 현상으로 엮여 있다는 얘기죠. 경제만 보다가는 그

뒤에서 경제를 조종하는 정치를 놓치기 쉽고 정치만 보면 경제가 보이지 않게 되죠.

우리나라 경제 교과서에서 아직도 '수요와 공급'이 가격을 결정한다는 헛소리를 하고 있습니다. 정말 그렇습니까? 그건 어디까지나 순수하게 교과서에서만 존재하는 현상입니다. 조금만 현실을 눈여겨보아도 그렇지 않다는 것을 알 수 있어요.

시장에 권력이 어떻게 개입할 수 있는지 잘 모르겠다고요? 예컨대 중앙은행이 고유 권한 즉, 화폐를 발행하는 것만으로 간단히 시장을 조정할 수 있잖아요. 돈을 막 찍어 버리는 거예요. 그럼 바로 인플레이션이 일어납니다. 돈의 가치가 떨어지니 물건 값은 하늘 높은 줄 모르고 치솟겠죠. 그러면 어떻게 됩니까. 물건을 가진 사람이 매우 유리해집니다. 그래서 정치와 경제를 함께 보아야 한다는 거예요.

국가가 돈의 흐름을 조절하는 방법에 대해 좀 더 얘기해 보죠. 중앙은행은 직접 돈을 찍어 통화량을 조절함으로써 돈의 가치를 조절하기도 하지만, 다른 한편으로는 금리(이자율)를 통해 시중의 통화량을 조절합니다.

이자율이 뭡니까? 돈을 맡겼을 때 붙는 이자의 비율이잖아요. 이걸 은행들이 자기들 맘대로 정하는 것 같지만 사실은 중앙은행이 가이드라인을 만듭니다. 우리나라도 한국은행이 금리를 언제 얼마를 올렸다는 기사가 주요 경제 뉴스에 나오잖아요. 그 이유는 그만큼 시중의 금리에 막대한 영향을 미치기 때문입니다.

이자율이 올라가면 은행에 돈이 몰립니다. 사람들이 더 많은 이자를 기대하기 때문이지요. 그만큼 시중에서 도는 돈의 양은 줄어들겠죠. 돈의 양이 줄면 돈의 가치가 올라가고 대신 물건의 가치 즉, 가격은 내려갑니다. 한국은행에서 물가 상승을 억제하기 위해 금리(이자율)를 올려야 한다고 말하는 이유도 바로 여기에 있어요.

반대로, 이자율이 내려가면 은행에 있던 돈들이 시중에 풀립니다. 은행에 두면 손해를 본다고 생각하게 되니까요. 차라리 그 돈으로 주식을 하든 부동산 투자를 하든, 다른 방법을 찾습니다. 이처럼 국가는 중앙은행을 통해 시장을 조정할 수 있는 것입니다.

이러한 권력의 시장 통제는 돈이 신용의 형태로 바뀐 현대에 이르러서는 더욱 손쉬워졌어요. 이제는 힘들게 돈을 찍어 낼 필요가 없어졌잖아요. 그냥 전산망에 원하는 수를 써넣기만 하면 됩니다.

우리가 돈과 경제를 생각할 때 항상 정치를 염두에 두어야 하는 이유입니다. 누군가 정치를 바꾸자고 아무리 외쳐 봐야 돈과 관련한 시스템을 건드리지 못한다면 공허한 외침에 머물게 됩니다. 사람만 바뀌어서는 안 된다는 게 정치 경제학자들의 견해라는 거예요. 그래서 정치를 바꾸려면 그 기저에 있는 경제 시스템에 대한 이해가 필요합니다. 마찬가지로 경제에 대한 이해를 깊이 있게 하려면 국가의 개입과 같은 정치적 판단을 함께 고려해야 한다는 것입니다. 그래서 정치 경제학이라는 게 약 200년 전에 생긴 겁니다.

돈은 종교적 가치를 갖는다

자, 우리가 지금까지 이야기한 것은 돈의 발생과 돈과 권력의 문제 두 가지였습니다. 그럼 이제 세 번째 대답 '돈은 종교적 가치를 갖는다'에 대해서 이야기하도록 하겠습니다.

여러분, 종교가 뭡니까? 실재하는 건가요? 맞기도 하고 아니기도 합니다. 종교는 믿는 사람에게는 절대적인 영향력을 갖지만, 믿지 않는 사람에겐 아무것도 아닌 것이 됩니다. 예를 들어 기독교의 상징인 십자가만 보아도 잘 알 수 있어요. 기독교를 모르는 사람한테 십자가는 그냥 십자 모양일 뿐입니다. 하지만 독실한 기독교 신자에게 그것은 손댈 수조차 없는 신성한 권위가 됩니다.

종교의 이러한 특성을 돈도 갖고 있습니다. 우리는 이미 돈을 믿습니다. 돈은 현대 자본주의를 사는 사람들에게 종교나 다름없습니다. 오히려 내세가 아닌 현실에서 꿈을 실현시킨다는 의미에서 훨씬 매혹적이라고 할 수도 있죠. 어쩌면 우리는 아주 어린 아이 때부터 이러한 믿음을 강요받으며 살아왔는지도 모릅니다.

어떤 꼬마 아이가 한 명 있습니다. 아직 돈의 가치나 개념을 모를 나이인데 지금 이 아이는 아이스크림을 먹고 싶습니다. 그런데 때마침 부모가 돈을 쥐어 줍니다. 심부름을 시키는 거죠. 아이가 심부름을 하려고 가게 앞을 지나다 아이스크림을 봅니다. 여러분 같으면 어떻게 하겠습니까? 먹고 싶어도 참겠지요. 하지만 아직 돈이 뭔지 모르는 이 아이는 아무 생각 없이 그 돈으로 아이스크림을 사 먹습니다. 그리고 집으로 돌아가 무지하게 혼이 나겠죠. 이 아이는 혼이 나면서 '아, 돈이라는 건 꽤 중요한 거로구나.' 하고 깨닫습니다.

돈 자체가 가치와 목적을 지니게 되는 순간이지요. 그래서 나중에는 배가 고파도 돈을 모읍니다. '돈을 조금만 더 모으자. 그러면 더 큰 걸 살 수 있어.' 하면서 말입니다. 이 정도면 거의 돈이 종교가 된 상태죠. 종잇조각 한 장이 마치 십자가를 통해 내세를 꿈꾸듯이, 백만장자의 꿈을 꾸게 합니다.

우리는 민주주의 사회에서 살고 있나?

여러분, 우리가 자주 쓰는 '자본주의'라는 말에 대해 좀 더 생각해 봅시다. 우리가 쓰는 말 중엔 뒤에 '주의'자가 붙은 말이 많죠. 민주주의, 생태주의, 공산주의, 독신주의……. 그 쓰임새도 광범위합니다. 자, 이때 '주의'는 바로 앞에 붙는 말을 강조하는 역할을 합니다. 쉽게 말해서 민주주의라는 말은 사람들이 주인이라는 것이 중요하다, 생태주의라는 말은 생태가 중요하다는 뜻이 된다는 거죠. 그렇다면 자본주의는? 당연히 '자본'이 먼저라는 겁니다.

자본주의와 민주주의는 아무 상관이 없어요. 자본주의는 자본이 먼저라는 거고, 민주주의는 사람 한 사람 한 사람이 먼저라는 거니까요.

여러분, 지금 우리가 사는 사회는 그럼 민주주의 사회일까요, 자본주의 사회일까요? 복잡하죠? 제 생각에 우리나라는 민주주의 사회가 아닙니다. 그건 희망 사항에 불과하죠. 북한의 정식 국명이 뭡니까? '조선민주주의 인민공화국'이죠? 거기도 '민주주의'라는 말이 붙습니다. 하지만 북한이 '민주주의' 국가인가요? 제 생각에 전 세계에서 민주주의가 실현됐던 적은 유사 이래 단 한 번도 없습니다. 게다가 돈이 우선하는 자본주의 사회에서의 민주주의는 더더욱 어렵습니다.

여러분 주주 총회 알죠? 주식회사를 운영할 때 그 회사의 주주들이 모여 중요한 일을 결정하는 회의잖아요. 이 주주 총회에서는 어떤 안건을 처리할 때 1주당 1표의 투표권을 줍니다. 쉽게 말해 돈을 많이 댄 사람 즉, 대주주의 의견이 반영된다는 거예요. 예컨대 이건희라는 사람이 어떤 회사의 지분을 50만 주 갖고 있습니다. 그런데 그 회사에 투자한 49만 9,999명의 사람들은 각각 한 주씩 갖고 있다고 합시다. 1주 1투표권제에서 누가 이깁니까? 네, 50만 주를 가진 한 사람이 이기는 게 바로 자본주의입니다. 이게 진짜 우리의 현실이기도 하고요.

민주주의 사회에서는 원칙적으로 1인 1표제잖아요. 돈이 많건 적건 남녀노소 할 것 없이 똑같이 권리를 행사하는 게 민주주의입니다. 이런 민주주의와 자본주의가 과연 양립할 수 있을까요? 1인 1표제와 1주 1표제는 양립할 수 없죠. 하지만 많은 사람들이 이런 현실에서 모순을 느끼지 못합니다. 그렇기 때문에 일종의 착시 효과에 빠지는 겁니다. 착시 효과는 이뿐만이 아닙니다. 실제로 자유롭지 못한 선택의 상황에서도 우리는 정말 아무런 강제 없이 투표했다고 생각합니다.

여러분도 나이가 되면 선거를 하게 될 텐데요. 지금 선거 때 투표는 어떻게 이루어집니까? 몇몇 당의 사람들이 대표로 나오면 그중 한 사람을 골라서 찍잖아요. 예전부터 그랬고, 특별한 사정이 없는 한 앞으로도 선거는 이와 같은 형식을 취할 겁니다.

여러분, 이게 정말 자유로운 선택일까요? 사람들이 투표가 끝나면 늘 하는 말이 있습니다. "그놈이 그놈이지……." 막상 뽑아 놓으면 전혀 딴 사람이 되는 국회의원들, 시의원들을 자주 보아 온 탓입니다. 출마한 사람들은 선거 기간에는 간이라도 빼 줄 것처럼 온갖 미사여구로 치장하지만 투표일이 지나면 얼굴 보기 어려워집니다. 오히려 그날 이후 수년간 그들의 지배를 받아야 하는 시스템인 거죠.

투표를 하는 순간 우리는 그 대표자한테 권리를 양도합니다. 역설적이게도 투표를 통해 권리가 양도되고 노예가 되기로 선언하는 겁니다. 그리고 그렇게 뽑아 놓은 그 사람이 자의적으로 통치를 할 수 있는 시스템인 겁니다.

오늘날 민주주의의 현실이 이렇습니다. 우리는 민주주의 사회에서 산다고 믿지만 사실은 아주 냉혹한 자본주의 사회에서 살고 있어요. 이걸 보지 못하는 것은 착시 현상 때문입니다.

다시 주주 총회 이야기로 돌아가서요. 경제 민주주의를 외치는 사람들은 소액 주주의 권리를 옹호하는 운동을 합니다. 대주주가 밀어붙이면 거기에 따라야 하는 게 현실이고 그러다 보면 다수의 소액 주주들이 손해를 보게 되잖아요. 하지만 이런 운동은 한계가 있습니다. 주식회사법에 의하면 1주 1투표권은 정당하다고 되어 있으니까요. 자본을 가진 사람이 먼저라는 자본주의의 원칙에 충실한 법이죠. 그래서 사람들은 돈을 벌고자 안간힘을 씁니다.

'나'라는 상품

아까 물물 교환 시대 이야기를 하면서 돈과 상품에 관한 이야기를 했었는데요. 돈이 생겨나면서 돈을 제외한 모든 물건이 상품이 됩니다. 사과와 쌀을 교환했을 때는 사과나 쌀 자체가 다른 물건을 사는 '돈'의 역할과 '상품'의 역할을 했지만 이제 돈이 생겼으니 더 이상 물건들이 돈의 역할을 할 일이 없어진 거죠. 오로지 상품으로서만 존재하게 됩니다. 시간이 흐르면서 이런 '상품'의 범위가 넓어집니다. 바로 '노동'이 그렇습니다.

여러분 아르바이트하죠? 편의점에서 아르바이트로 일하는 순간, 여러분의 노동은 상품이 됩니다. 돈을 받고 여러분의 노동력을 팔았으니까요.

대학 이야기를 해 보겠습니다. 우리는 보통 왜 대학을 가느냐는 질문에 그럴 듯한 대답을 합니다. 진리를 탐구하려고, 나중에 사회에 봉사하기 위해서……. 하지만 조금 심하게 표현하자면 우리가 대학에 가는 이유는 나중에 졸업해서 자기 노동력을 비싸게 팔기 위해서입니다. 쉽게 말하면, 더 나은 조건 즉, 월급 더 받으려고 대학을 갑니다. 우리나라에서는 대학을 안 나오면 좋은 직업을 갖기 어렵잖아요.

의대에 가려는 친구는 졸업 후 가난한 사람들을 도울 거라고 합니다. 그리고 법대에 가려는 친구는 정의를 바로 세우겠다는 포부를 말하곤 하죠. 하지만 어떻습니까? 막상 졸업하면 좀 더 대우가 좋은 곳을 찾느라 처음의 다짐들을 잃어버리기 십상이죠.

직업을 가지면서 자기가 가진 노동력은 '상품'이 됩니다. 높은 가격을 받으려는 욕망이 생기는 겁니다. 여러분, 영어 좋아하세요? 물론 좋아하는 분도 있겠지만, 그렇지 않은 사람도 취업을 위해 억지로 영어를 공부해야 합니다. '나'라는 '상품'의 가치를 높여 더 많은 돈을 받으려고 하는 거예요.

면접 때 잘 보이려고 외모를 가꾸는 것도 마찬가지입니다. 그것도 결국은 좀 더 나은 직장, 좀 더 나의 가치를 높게 쳐 주는 직장을 가기 위한 노력의 일환이라는 거죠. 이렇게 되면 취업과 관련 없는 노력은 무의미해집니다.

'회사형 인간'이 되는 이유

우리나라 대학생들이 가장 가고 싶어 한다는 삼성전자, 왜 그렇습니까? 전자에 관심이 많아서? 삼성전자가 사회봉사 활동을 하니까? 아니죠. 월급 많이 주기 때문이에요. 그런 회사에 가려고 사람들은 그들이 원하는 대로 자기를 포장합니다. 삼성전자에서 만약 영어 대신 콩고어를 원한다면, 대학뿐 아니라 고등학교에도 콩고어 과정이 생길 겁니다. 그때쯤 되면 "콩고어만 대접하는 더러운 세상" 같은 유

행어가 생길지도 모르죠. (웃음)

과장해서 말씀드렸지만, 자본주의 사회를 살아가는 사람들이라면 누구나 겪는 현실이기도 합니다. 바로 사람이 좋은 상품이 되려고 구매자(기업)가 원하는 걸 하게 되는 현상이지요. 여러분이 학교에서 배우는 것 중에 정말 원해서 배우는 게 몇 가지가 있나요? 대부분이 당장 필요하다기보다는 '나중에 써먹으려고' 배우는 것들이잖아요. 게다가 요즘은 노골적으로 대학이 기업의 구미에 맞추어 수업 내용을 바꾸기도 합니다. 자본주의가 이래서 무서운 거예요.

가난한 사람은 자기가 하고 싶은 일을 하고 싶어도 못합니다. 돈 벌면 해야지 하고 생각하지만 시간이 흐를수록 돈 자체가 목적이 되어 버려요. 왜냐하면 돈이 행복이니까, 한 달에 100만 원 버는 사람과 500만 원 버는 사람의 행복도는 완전히 다르니까요. TV 광고만 봐도 알 수 있잖아요. 그 안에서는 모든 사람이 소비를 하면서 행복한 표정을 지어 보입니다.

이런 상황에서 돈이 안 되는 학문이나 예술은 점점 설 자리를 잃어가게 됩니다. 나는 판소리를 좋아하는데, 나는 음악을 하고 싶은데, 하는 분들은 일단 집이 부유해야 돼요. 사실 집에 돈이 넘치면 취업할 필요 자체가 없죠. 슬프지만 현실은 계속 그런 식으로 가고 있습니다.

제가 대학을 다니던 시절에는 도서관에서 문학을 비롯한 다양한 분야의 책들을 읽었어요. 그런데 요즘은 전부 토익, 토플 책을 봅니다. 아니면 고시 공부를 위한 전공 서적들이고요. 지금의 대학은 단지 취업을 위해 거쳐 가는 곳에 불과합니다. 아무도 학문이나 진리를 추구하지 않아요. 학생들이 원하는 건 오직 '좋은 직업'입니다. 자본주의 자체를 의심하고 비판하는 대신, 어떻게 하면 졸업 후에 돈을 더 많이 벌 수 있을까, 어떻게 하면 드라마에 나오는 것처럼 멋진 삶을 살 수 있을까, 하는 생각으로 가득 채워져 있습니다. 이러다간 대학에서 학문의 다양성이 사라지는 건 시간문제일 거예요. 아마 판소리를 배우려고 동아리 활동을 하는 한가한 모습은 더 이상 보기 어려워질 겁니다.

자본주의는 이렇게 학문과 대학을 길들입니다. 돈은 대학뿐만 아니라 전 사회에 강력한 힘을 발휘하고 있어요. 자본주의는 돈 한 푼 없으면 조금도 못 움직이는 시스템입니다. 혹시 노숙자를 본 적이 있나요? 이분들이 왜 거리에 나앉은 걸까요? 길거리가 좋아서? 그럴 리는 없겠죠. 이분들은 대부분 자기 의지와는 상관없이 그럴 수밖에 없는 상황에 처한 사람들입니다. 자본주의 사회는 노숙자를 양산하는 체계입니다.

만약 스스로 먹을 것을 만들 수 있는 사회, 예컨대 농경 사회라면 이분들은 노숙자가 되지 않을 겁니다. 최소한 먹을 걸 해결할 수는 있으니까요. 자본주의 사회에서 이분들이 길거리에 나앉은 이유는 단 한 가지입니다. 자본이 판단하기에 '사용 가치'가 없다는 거예요. 어떤 회사도 이분들을 고용하거나 월급을 주지 않습니다. 자기를 상품화해서 팔지 않으면, 살아갈 수가 없어요. 물론 구걸은 할 수 있겠지요. 노숙자는 이런 시스템에 속하지 못한 사람들입니다. 자본주의 시스템 바깥에서 할 수 있는 일은 많지 않아요.

그래서 대부분의 사람은 '시스템'에서 이탈되지 않기 위해 안간힘을 씁니다. 그래서 회사가 시키는 대로 순응하죠. 회사가 원하는 공부를 하고 원하는 일을 합니다. 하지만 애석하게도 오래가지 못해요. 나이가 들고 '쓸모'가 없어지면 곧장 해고됩니다. 해고가 되면 시스템의 맨 밑바닥으로 떨어지거나 밖으로 튕겨 나가게 돼요.

사람과 사람 사이에 놓인 장벽 - 돈

그럼 이제 네 번째 대답, '돈은 인간을 지배하고 인간관계를 매개한다'에 대해 생각해 볼 차례입니다. 이 말 중에서 '돈이 인간을 지배한다'는 어느 정도 이해가 되시죠? 자본주의 사회에서는 돈이 중심이고, 사람들은 이 돈을 벌고자 움직입니다. 슬프지만 그게 현실이라는 것입니다.

그렇다면 '인간관계를 매개한다'는 건 무슨 뜻일까요? 매개는 'mediation'입니다. '미디어media'란 말도 여기에서 왔지요. 매개는 '연결'을 의미하지만 동시에 '단절'을 만드는 것이기도 합니다.

예를 들어 설명해 볼게요. 시멘트로 벽돌을 쌓아 집을 만든다고 합시다. 여기서 시멘트는 벽돌과 벽돌을 이어 주는 매개죠? 하지만 달리 보면 벽돌과 벽돌을 직접 만나지 못하도록 하는 역할을 합니다. 그렇잖아요. 이어 준다는 말엔 직접 만나지 못한다는 말이 포함되어 있습니다. 이게 굉장히 중요한 점이에요. 이 매개라는 말을 자본주의 사회에 적용해 보면 다음과 같습니다.

자본주의 사회에서 인간과 인간은 돈을 매개로 합니다. 예를 들어 우리 집을 청소해 주는 사람이 있다고 합시다. 이때 나와 청소부와의 관계는 뭡니까? 청소를 시키는 사람과 청소를 해 주는 사람이잖아요. 그 사이에 뭐가 있습니까? 돈이 있습니다. 청소비를 주고받습니다. 다시 말하면 인간과 인간의 관계가 아니라 돈으로 매개된 관계라는 거죠. 자본주의 시대에 돈을 주고 시킬 수 있는 일은 청소 외에 무궁무진합니다. 밥 짓는 일이 피곤하다면 가정부를 두면 됩니다. 이런 식의 인간관계에서 인간성은 철저히 배제됩니다. 우리가 청소부와 가정부를 판단할 때 얼마를 주고 받느냐를 가장 중요하게 생각하잖아요. 청소부의 인간적 고뇌를 이해하나요? 그럴 필요가 없죠. 청소부는 청소만 하면 되는데.

그런데 어느 날 문제가 생깁니다. 청소를 하던 분이 "우리 아이가 많이 아파요. 그래서 오늘 일을 못 하겠습니다"라고 연락이 옵니다. 그런데 집에 급한 일이 생겨서 한 시간 안에 빨리 청소를 끝내야 해요. 그럼 어떻게 합니까? 청소부의 사정을 감안해서 그냥 쉬라고 하나요? 돈은 돈 대로 주고? 물론 아량 있는 사람이라면 그렇게 할 수도 있습니다. 하지만 대부분은 용역 회사에 전화를 걸어 다른 사람으로 바꿔 달라고 합니다. 나와 청소부의 관계를 돈이 매개하고 있기 때문이에요. 내가 돈을 지불하고, 청소부는 그 대가로 청소를 하는 관계일 뿐입니다. 청소부의 내면에 대해서 신경을 쓰지 않아요. 청소부도 마찬가지입니다. 주인 사정이 급하다고 해서, 같은 돈을 받고 좀 더 많은 일을 좀 더 빨리할 사람은 거의 없어요.

우리는 지금 사람이 사람을 직접 못 만나는 관계, 상품과 돈을 매개로 만나야 하는 인간관계 속에서 살고 있어요. 여기 모인 분들은 좀 다르지요? 우리가 돈을 벌려고 이 자리에 모인 것은 아니잖아요. 우리는 지금 인간 대 인간으로 만난 것입니다.

예를 들어 여러분이 편의점에서 아르바이트를 한다고 합시다. 그때 여러분과 편의점 주인과의 관계는 어때요? '알바비'를 받고 일을 하는 관계, 돈을 주고 일을 시키는 관계입니다. 이번엔 여러분이 편의점에 물건을 사러 간다고 합시다. 그럼 관계는 달라지지만 본질은 마찬가지입니다. 돈을 주고 물건을 사는 관계, 돈을 받고 물건을 파는 관계가 되는 거지요.

여러분이 물건 살 때 편의점 주인의 인간성이나 취미를 고려합니까? 편의점 주인도 마찬가지입니다. 자기 기분에 따라 물건을 파나요? 그렇지 않습니다. 물건을 사고파는 관계에서 더 나아가 인간적인 간섭을 하면, 예컨대 "음료수 마실 시간에 공부나 열심히 해라"는 식으로 말한다면, 재수 없죠. 안 사고 그냥 갑니다.

돈은 그래서 사람과 사람의 관계를 연결해 주는 듯하지만 사실은 단절시킵니다. 인간적인 관계를 방해하는 거지요. 돈이 없다면 아무하고도 관계를 맺을 수 없는 게 자본주의 사회입니다. 심지어 친구들도 사귈 수 없어요.

아직 돈을 매개로 하지 않는 학창 시절의 친구 관계는 그래도 덜한 편입니다. 나와 친구 사이에 돈이라는 매개가 아직은 강력하지 않잖아요. 하지만 여기서도 돈으로 인한 갈등이 없을 수는 없습니다.

두 명의 친구가 있다고 합시다. 한 친구는 돈이 많습니다. 그래서 주위엔 항상 친구들이 넘쳐나요. 왜냐면 만날 때마다 늘 무언가를 사 줍니다. 떡볶이를 사 주거나 만화책을 사 줘요. 그런데 한 친구는 돈이 없습니다. 그래도 두 친구는 무척 친해요. 취미도 비슷하고 생각도 비슷합니다. 이런 관계가 얼마나 오래갈 수 있을까요? 만약 한 친구가 다른 친구에게 계속 뭔가를 사 주고 한 친구는 계속 얻어먹는 관계가 지속된다면 두 사람의 만남은 오래지 않아 깨질 가능성이 많습니다. 나이가 들면서 슬슬 손해 보는 느낌이 들겠죠. '왜 내가 늘 얘한테 사 줘야 하지?' 하는 생각이 들 겁니다. 그리고 다른 친구도 미안한 마음이 들기 시작할 거예요.

'평생 친구'는 관계가 일방적이지 않을 때 만들어집니다. 내가 한 번 떡볶이 사면 그다음에 네가 사고, 내가 한 번 얻어먹으면 그다음은 내가 한 번 사고……. 그래야 서로 만남에 부담이 없잖아요.

내가 친구 생일에 한 5만 원짜리 선물을 사 줬어요. 그럼 다음번 내 생일 때는 그만큼은 아니더라도 어느 정도 성의를 보여 줄 거라고 기대하잖아요. 친구를 만날 때도 돈이 있어야 당당함이 생기잖아요.

나중에 여러분이 데이트를 한다고 합시다. 남자 친구나 여자 친구를 사귄다고 했을 때도 마찬가지입니다. 돈 없어도 행복할 거 같죠? 하지만 한계가 있습니다. 어느 순간에는 사랑하는 사람과 오래 지내기 위해 거처를 구해야 하고 함께 먹을 양식을 구해야 합니다. 그러려면 일을 해야 하고 돈을 모아야 해요. 사랑만으로 극복할 수 없는 장벽이 생기고 그중 가장 큰 게 '돈 문제'일 확률이 높습니다.

돈 때문에 상처받지 않을 권리

자본주의는 우정과 사랑에도 큰 영향력을 행사해요. 때로는 돈 때문에 사랑하는 사람과 헤어지기도 합니다. 많은 사람이 경제적인 이유로 이혼하고 뿔뿔이 흩어집니다. 실제로 IMF 때 그런 이유로 많은 가족이 해체됐잖아요.

현실에서 가정을 꾸리거나 유지하는 데 '돈'이 중요한 역할을 합니다. 어떤 사람들은 경제적 이유로 결혼을 미루거나 포기합니다. 사회에 진출하고도 여전히 부모님과 같이 사는 나이 든 성인남녀가 많아요. 새롭게 가정을 꾸려야 할 '위험 부담'은 줄일 수 있겠지만, 기존의 가정에서 환영받지 못한다는 문제가 있습니다. 나중에 부모님들로부터 '밥벌레' 취급을 받아요. 나이가 차면 나가서 제 역할을 해야 한다는 게 보통 사람들의 생각이잖아요.

그나마 직업을 갖고 있다면 다행이지만 특별한 직업이 없이 부모에게 '얹혀 사는' 경우라면 부모님의 구박은 더욱 세지겠지요. 부모님의 사랑으로도 포용이 안 되는 상황이 되어 버리는 거죠. 우리가 당연하게 생각하는 모든 관계가 기본적인 경제적 역할을 전제로 하는 거예요. 자본주의를 경제 운영 시스템으로 하는 어떤 사회도 마찬가지입니다.

『자본론』 등을 통해 자본주의를 정면으로 비판한 마르크스도 젊었을 때 이런 얘기를 했어요. "우정은 우정으로만 바뀌고, 사랑은 사랑으로만 바뀌는 사회가 되어야 한다." 돈이 많으면 더 많은 사랑을 할 수 있고, 더 많은 기회를 가질 수 있는 현실이 슬펐던 거예요. 우리가 지금 돈으로 사람 관계가 형성되는 현실을 안타까워하는 것과 같은 이유입니다.

시간이 갈수록 돈은 우리를 노예로 만들 것입니다. 물론 저항도 거세지겠지요. 우리가 강연 시작할 때 돈을 찢었잖아요. 스스로 돈을 부정한다는 것, 굉장히 어려운 일이죠. 일종의 소극적 저항일 수도 있습니다. 하지만 진짜 저항은 자기를 상품화하는 것에 반대하는 데에서 시작합니다.

서울대학교에 갔다고 자랑할 일이 아닙니다. 인간적인 삶을 위해 노력하지 않는다면, 그건 내가 가장 잘 팔리는 물건이 되었다고 좋은 상품이 되었다고 자랑하는 얘기에 지나지 않으니까요. 좋은 상품성을 가진 삶과 훌륭한 삶은 분명히 다릅니다. '나'라는 사람이 태어나서 지금까지 어떻게 살아왔는가, 앞으로 어떤 삶을 살 것인가, 내가 정말 하고자 하는 건 무엇인가와 같은 근본적인 질문을 던져 봐야 합니다. 학교 성적 올리려고 영어, 수학 공부하기 전에 정말 내가 원하는 것을 아는 게 중요합니다.

돈이라는 게 지금은 굉장히 커 보여도 세상은 변합니다. 앞으로 어떤 세계가 될지, 그때에도 여전히 돈이 인간관계를 지배할지, 아니면 좀 더 인간적인 세상이 될지 아무도 모릅니다. 좀 더 희망적인 예상을 하자면, 지금보다는 분명히 나은 세상이 올 겁니다. 왜냐면 지금도 인간이 인간끼리 평등하고 동등하게 살아가는 사회를 꿈꾸는 사람들이 있기 때문입니다. 그런 이상理想은 '돈이 우선하는' 자본주의에 치명적입니다.

『상처받지 않을 권리』라는 책이 있습니다. 제가 쓴 책이에요. 원래는 책 제목이 '자본주의로부터 상처받은 삶에 대한 인문학 보고서'였는데 출판사 직원이 그렇게 하면 책 안 팔린다고 해서 바꿨습니다. (웃음)

제가 그 책을 쓴 이유가 딱 하나, 지금 얘기한 것들 때문이에요. 어떤 친구가 판소리를 좋아하고 국악을 좋아하면 그걸 할 수 있어야 합니다. 돈이 안 되더라도 영화를 만들고 싶어 한다면 영화를, 작곡에 흥미가 있는 친구는 작곡을 할 수 있어야 해요. 하고 싶은 일을 하면서 즐겁게 살아가는 것, 우리 모두가 꿈꾸는 세상 아닌가요? 그게 그렇게 어려운 일일까요? 돈으로 사람의 가능성을 규정하지 않는 사회라면 결코 어려운 일이 아닐 겁니다. 오히려 사람으로 태어나서 당연히 누려야 할 권리가 되겠죠.

사람이 '상품'이 되지 않는 사회를 만들어야 합니다. 누구나 보편적으로 기본적인 삶을 보장받는 사회가 되어야 해요. 그 사람이 돈이 많든 적든. 이런 생각을 받아들이면 실천 방향은 금방 잡힙니다. 일단 진단이 나오면 치료법도 어렵지 않게 나오는 법이니까요.

자, 이제 남은 것은 여러분의 몫입니다. 부디 제 얘기가 여러분의 공부와 진학, 취업 문제, 하고 싶은 일 등에 대해 다시 한 번 생각하는 계기가 되었으면 합니다. 그럼 오늘 강연은 이상으로 마치고 질문 받겠습니다.

희망은 그 너머를 꿈꾸는 일

청소년　돈이 인간관계를 매개하지만 단절시키는 측면이 있다고 하셨잖아요. 그러한 단절을 어떻게 극복할 수 있을까요?

강신주　이걸 스스로 의식하고 극복하는 방법밖에 없습니다. 만약 친구와 나 사이에 자꾸 돈이라는 매개가 끼어든다, 이것 때문에 사이가 불편해진다 싶으면 의도적으로 돈을 배제하는 겁니다. 돈 때문에 만난 친구라면 돈 말고 다른 즐거움을 찾는다거나, 돈을 매개로 한 만남 대신 인간적인 만남을 찾는다거나 하는 것도 방법이겠죠. 그 과정에서 좀 더 성숙한 관계를 맺을 수 있을 겁니다.

청소년　자본주의가 안 좋다고 하셨잖아요. 그러면 자본주의 말고 뭐가 있죠?

강신주　그건 저도 모릅니다. 저도 자본주의 사회에서 살아온 사람이기에 일정 부분 길들여진 측면이 있어요. 그 바깥을 알 수 없습니다. 노아의 방주에 탄 수많은 존재처럼 저도 자본주의라는 방주 안에 있는 거예요. 처음부터 그 안에 있다 보니 이젠 그 안에 있다는 사실조차 모르는 상태인 거죠. 비는 그쳤고 이제 그만 밖으로 나가도 될 것 같은데, 노아는 여전히 주문을 외웁니다. "나가지 마라. 밖은 아직도 대홍수다." 의심은 가지만 나가자고 할 엄두가 안 납니다.

보통 사람들이 그래요. 하지만 시대는 언제나 그랬듯이 변합니다. 사람들이 변하고 생각이 변해요. 인간은 아주 오래전부터 그래 왔듯이 늘 새로운 세상을 꿈꿉니다. '지금보다 더 나은 세상이 있지 않을까?' '저 너머에 좀 더 희망적인 세상이 있지 않을까?' 하고 말이에요. 세상을 이끌어 가는 건 그런 사람들입니다.

여러분을 힘들게 하는 학교 공부, 학원 공부……. 한창 친구들과 놀러다니고, 세상 곳곳을 경험하며 깨달아야 할 나이에 좁은 독서실 칸막이에 갇혀 있어야 하는 이유가 뭐죠? 나중에 좋은 대학 가려고? 좋은 직장 가려고? 언제인지도 알 수 없는 나중을 위해 젊음을, 지금을 희생해야 하는 모순! 그 이면에는 다름 아닌 '돈의 논리'가 있습니다. 결국 '좋은 상품'이 되기 위해 모든 걸 희생하자는 겁니다.

이런 현실을 여러분의 후배에게, 더 멀게는 여러분의 아이들에게도 물려주어야 할까요? 하지만 아직은 대안을 모릅니다. 아직 그 너머에 어떤 길이 있는지 모르니까요. 그래서 고민이 필요합니다. 좋은 책을 찾아 읽고 생각을 나누어야죠. 인문 · 사회 분야의 책에서 도움을 얻을 수 있을 거예요.

세상에는 두 종류의 책이 있습니다. 하나는 "지금 세상이 좋다. 그러니 지금 세상의 원칙을 받아들여라." 하는 책입니다. 다른 하나는

"지금은 그다지 좋은 게 아니다. 나의 미래와 나의 후손들이 살아가기엔 별로다. 좋은 세상을 만들려면 현실을 뜯어고쳐야 한다"고 말하는 책입니다. 어떤 책이 유익할지는 여러분 스스로 판단할 수 있을 거로 생각해요.

청소년 자본주의가 없는 사회란 어떤 거예요?

강신주 방금 질문자에게 말씀드린 것처럼 구체적으로 "이거다!"라고 하기는 어렵습니다. 하지만 상상해 볼 수는 있어요. 예컨대 돈이라는 게 국가의 권력을 전제로 하고 있다고 말씀드렸죠? 그렇다면 돈이 힘을 못 쓰는 사회는 국가 권력이 없거나 아주 약한 사회겠지요.

피에르 클라스트르Pierre Clastres라는 정치 인류학자가 쓴 『국가에 대항하는 사회』라는 책이 있습니다. 이 책은 1960년대 베네수엘라나 파라과이의 인디언들과 함께 생활하면서 연구한 내용을 바탕으로 하고 있어요. 클라스트르에 의하면 인디언 사회에는 권력자가 존재하지 않았습니다. 당연히 자본주의도 없지요.

이 책에 소개된 인디언 공동체에서는 사냥해서 무언가를 잡으면, 잡은 사람이 아니라 나머지 사람들이 먹습니다. 오히려 잡은 사람은 안 먹어요. 만약 우리 사회라면 어떻겠어요. 내가 열심히 노력해서 토끼, 아니 버펄로 같은 걸 잡았는데 정작 나는 못 가진다? 아마도 난리가 날 겁니다.

짜증 나잖아요. 내가 더 힘이 센데, 내가 잡은 버펄로를 힘이 약해서 못 잡는 사람에게 나눠 줘? 말도 안 되죠. 당연히 강한 자가 먹는 거죠. 이런 원리가 지배하는 사회가 약육강식의 사회입니다. 우리 사회가 그렇잖 아요. 1등 하는 사람이 다 갖고, 돈 많은 사람이 다 가져요.

하지만 클라스트르가 본 인디언 공동체는 달랐습니다. 내가 강할 때 내 가 노력한 성과를 다른 사람들에게 나눠 줍니다. 한편 내가 아무리 약해져 도 나는 죽지 않습니다. 누군가 나보다 강한 사람이 사냥을 해 주기 때문 이지요. 그런 식으로 경제 체제를 만들어서 공동체를 유지합니다. 센 사람 이 모두 가지는 사회와 내가 늙거나 병들어도 굶지 않을 권리가 있는 사 회, 어떤 사회가 좀 더 나은 사회일까요?

이런 사실들 앞에 우리는 질문을 해 볼 수 있습니다. 우리 사회는 진짜 공동체가 맞나? 그렇다면 왜 저렇게 노숙자가 길에 누워 있을까? 왜 해마 다 떨어진 성적을 비관하며 아이들이 자살할까? 실직한 가장이 집안에 연 탄가스를 피워 놓고 가족들과 동반자살해야 하는 나라, 이게 과연 올바른 공동체일까?

인디언 사회에서는 자살이 없습니다. 버펄로를 잡은 친구도, 토끼를 잡 은 친구도, 아무것도 잡을 수 없는 친구도 모두 당당합니다. 클라스트르가 말한 '국가에 대항하는 사회'는 아마도 그런 사회일 겁니다.

우리는 보통 자본주의가 발전한 사회를 문명사회, 그렇지 않은 사회를 비문명화된 사회라고 말합니다. 하지만 그 사회의 안을 들여다보면 문제 가 조금 달라져요. 문명사회라는 곳이 그렇지 않은 사회보다 사회 양극화 와 범죄 문제가 심각합니다.

우리는 '문명'의 정의를 다시 내려야 해요. 약육강식의 사회, 약한 자를 돕지 않고, 가난한 자를 억누르는 그런 사회가 과연 '문명'일까요. 지금 우리가 사는 사회는 문명화된 사회입니까, 야만의 사회입니까? 우리는 '경쟁'을 '문명'으로 착각해선 안 됩니다.

문명의 도구를 다른 사람을 억누르는 데 쓴다면 그건 야만입니다. 우리가 공부할 때 상대방을 이기는 것, 점수를 많이 따는 것이 목적이라면 그건 문명이 아닙니다. 문명사회는 동물들의 사회와 달라야 합니다. 자기가 다 가질 수 있어도 그렇지 못한 사람에게 나눠 주는 것, 사랑을 베푸는 것이 좀 더 문명에 가깝다는 생각 안 드세요?

문명이란 인간이 약육강식의 정글 즉, 동물의 세계에서 벗어나기 위해 노력한 결과입니다. 결코 공부 잘하는 아이가, 경쟁해서 이긴 아이가 약자를 밟고 올라가야 하는 사회를 문명이라고 할 수 없는 이유예요.

지금 우리가 다니는 학교는 1등만을 양성하기 위한 학교입니다. 1등이 특권을 누리는 사회의 축소판입니다. 지각을 해도 공부 잘하는 친구는 알게 모르게 용서가 되잖아요. 그게 우리 사회입니다. "1등만 하면 돼. 공부 잘하면 되고 서울대 가면 돼." 이런 식으로 모든 게 허락되니까 꼴찌 하는 아이들은 소외감을 느낍니다.

일례로 제가 예전에 학교 다닐 때, 공부 못하는 친구가 조퇴하려고 했는데 꾀병이라고 못 하게 해요. 근데 반에서 1등을 하던 아이가 조퇴한다고 하면 선생님이 그냥 보내 줍니다. 요즘도 그런가요? (웃음)

학교는 공동체입니다. 하지만 언제부턴가 정글이 되었어요. 우리 정말 같은 반 친구 맞아? 하는 생각을 들게 하잖아요. 선생님들도 그렇고 부모님들도 그렇고 사회 전체가 갈등과 경쟁을 조장합니다.

　여러분도 그런 분위기에 일조하는 측면이 있어요. '내가 공부를 이렇게 잘하는데 왜 대접을 안 해 줘?' 하고 생각하잖아요. 물론 공부를 잘하는 학생의 경우지만, 설령 내가 다른 아이들과의 경쟁에서 이겼다 하더라도 혜택을 누리려는 생각을 버려야 합니다. 인디언들처럼 말이에요. 내가 잡은 버펄로지만 나는 먹지 않겠다. 다른 사람을 주겠다. 내가 1등을 했지만 그로 인한 혜택이 다른 친구들이 누려야 할 것을 빼앗는 거라면 받지 않겠다. 그런 생각을 가져야 해요. 강하다고 약한 사람을 밟으려고 하면 안 됩니다. 위험해요. 여기서는 내가 강하지만 다른 곳에서는 약자가 될 수도 있잖아요. 강한 사람 위에는 항상 더 강한 사람이 있게 마련입니다.

　누군가 1등을 하는 이유는 그 사람이 똑똑해서이기도 하지만, 다른 사람들이 공부를 안 해 줘서이기도 합니다. 오히려 1등 하는 친구는 나머지 친구들에게 고마워해야 해요. (웃음)

　우리 사회가 정글이 되었다고 하더라도 여러분이 있는 학교만큼은 그런 논리가 통하지 않는 곳이었으면 합니다.

청소년　철학자 루소가 "자연으로 돌아가라"고 했잖아요. 지금 그게 가능한가요.?

강신주　루소가 말한 '자연'이라는 의미를 먼저 살펴보아야 합니다. 보통 자연이라고 하면 어떤 이미지가 떠오르나요. 대게 평화롭고 경쟁이 없는 상태를 생각하게 됩니다. 하지만 다른 측면도 있어요.

제가 산을 좋아해서 등산을 자주 다녀요. 그때 느끼는 자연도 아름답고 평화롭기 그지없습니다. 하지만 자세히 들여다보면 그렇지 않다는 것을 금세 알게 되지요. 자연도 약육강식의 사회예요. 눈에 보이지는 않지만 곳곳에서 작은 동물이 큰 동물에게 잡아먹히고 있는 거죠. 하지만 일반적으로 각박한 도시의 생활에 지친 사람들에게 자연은 태초의 낙원인 에덴동산처럼 느껴집니다.

자연은 냉혹함을 가리킬 수도 있고 평화로움을 가리킬 수도 있습니다. 이게 자연의 두 모습이에요. 풍요의 상징일 수도 있고 생존만이 최고의 가치인 처참한 곳일 수도 있어요. 루소는 기술의 진보에 따른 인간의 타락을 경고하기 위해 자연으로 돌아가라고 말했습니다. 하지만 상상 속의 자연과 현실의 자연은 달라요. 오늘날 자연으로 돌아가는 것이 가능하냐는 문제 이전에 그 '자연'이 어떤 건지 먼저 생각해 보아야 할 것 같아요. 어쩌면 자연에 대한 오해에서 나온 질문인지도 모르니까요.

청소년　어른들은 왜 나쁘다는 걸 알면서도 자본주의를 바꾸지 않았어요?

강신주　비겁했기 때문이에요. 옳다고는 생각하지만 그러기엔 힘이 부족했거나, 현실이 아주 만족스러웠던 거죠. 약육강식의 사회는 약자들에겐 잔인한 사회지만 힘센 사람들에겐 살기 좋은 곳입니다. 힘센 사람들에게 저항하지 못한 어른들, 지금 이대로 살자고 손을 놓은 어른들이 만들어 놓은 결과예요. 좀 더 인간다운 사회를 만들고자 노력하지 않은 어른들은 존경받을 수 없습니다.

사회를 바꾸는 일은 쉽지 않아요. 누군가는 길 가운데 놓인 돌을 치워야 합니다. 그런 역할을 하는 사람들이 필요합니다. 처음 한두 사람의 힘만으로는 어려울 거예요. 하지만 한 사람, 두 사람 계속 모여서 힘을 합치다 보면 어느 순간 돌은 움직이고 길은 생길 것입니다. 그렇게 사회를 변화시키는 데는 많은 사람의 노력이 필요합니다.

여러분이 함께 공부를 하는 이유도 그런 역할을 하기 위해서예요. 여러분도 조금 있으면 20대가 되고 30대가 됩니다. 그리고 언젠가는 사회의 중추가 되겠지요. 그때 여러분의 후배, 또는 후손들이 묻습니다. "당신들 그때 뭐 했어?" 그때 당당히 대답할 수 있으려면 지금 노력해야 합니다.

6강

돈을 어떻게 극복할 것인가?

강신주 | 철학자

현대 자본주의 사회에서 도시 생활을 하면서
특정 분야의 전문가가 된다는 건
자본이나 권력에 종속된다는 것과 같은 말입니다.
혼자 1등 하려고 고독하게 살아가다가
막상 사회로부터 버림받으면 갈 곳이 없는 거예요.
이전에 인간적인 관계가 쌓여 있다면 이와 같은 불행을 피할 수 있습니다.
사람들이 이렇게 고독하게 경쟁을 하게 된 것은
자본주의가 '돈 없으면 죽는다'는 신념을 각인시킨 결과이기도 해요.

강신주

연세대학교 대학원 철학과에서 「장자 철학에서의 소통의 논리」로 박사 학위를 받았습니다. 강단 철학에서 벗어나 대중 아카데미 강연과 책을 통해 자신의 철학적 소통과 사유를 가능한 많은 사람들과 나누기를 원합니다. 쉽게 읽히는 철학을 지향하고, 철학과 문학을 동시에 이야기하며 이성과 감성을 만족시키는 철학자입니다.

돈을 어떻게 극복할 것인가?

    지금까지 돈의 본질, 즉 '돈이란 무엇인가'에 대한 이야기를 나누어 보았습니다. 그리고 돈이 가지는 속성을 네 가지로 나누어 살펴보았고요. 그럼 이제부터는 '돈을 어떻게 극복할 것인가?' 하는 문제에 대해 말해 보겠습니다. 먼저 자본주의 체제에서 돈이 어떻게 위력을 발휘하는지 알아보지요.

    여기 『기호의 정치경제학 비판』이라는 책이 있습니다. 장 보드리야르Jean Baudrillard라는 철학자가 썼는데요, 머리말 일부를 읽어 보겠습니다.

> 유용성의 논리, 거래의 논리, 증여의 논리, 신분의 논리. 물건은 이 가운데 어느 하나에 입각하여 정돈됨에 따라 각각 '도구', '상품', '상징' 또는 '기호'의 지위를 취한다. 그런데 마지막 것만이 소비라는 특수한 영역을 규정짓는다.

    이게 무슨 뜻일까요? 여러분, 학교에 가면 학생이죠? 그러다 집에 가면 딸과 아들이 됩니다. 또 누군가에게는 오빠·형이나 언니·누나가 될 수도 있겠지요. 이렇게 같은 사람이라도 관계에 따라 다르게 이해되잖아요. 이걸 착각하면 멍청한 사람 취급받습니다. 학교에서 집에 있을 때처럼 어리광을 피우거나 자기 멋대로 행동하면 어떻게 됩니까. 선생님한테 혼나죠. 또 친구 사이인데 마치 형이나 동생처럼 굴면 어떻게 되겠어요. 어색하겠죠.

사물이 존재하는 네 가지 방식

아까 읽어 드린 내용이 바로 그런 뜻입니다. 사물도 사람처럼 어떻게 관계하느냐에 따라서 존재하는 방식이 다르다는 겁니다. 바둑이나 장기에서 중요한 건 말을 움직이는 규칙입니다. 말 자체가 아니죠. 장기판에 졸이 없으면 그냥 바둑알을 써도 되잖아요. 그래서 보드리야르는 사물의 존재 방식을 도구, 상품, 상징, 기호, 이렇게 네 가지 차원으로 구분했습니다.

도구는 뭡니까? 말 그대로 목적을 가진 수단입니다. 목도리는 언제 쓰나요? 추울 때 쓰죠. 목도리는 이때 추위를 막기 위한 '도구'가 됩니다. 다음으로 상품. 여러분, 목도리 한 개에 얼마나 하나요? (청소년 : "만 원, 5,000원…….") 길거리 좌판에서 누군가에게 팔리기를 기다리는 목도리는 '상품'입니다.

그럼 상징은요? 상징은 그 사물에 어떤 의미가 담긴 경우입니다. 예컨대 친구가 여러분한테 목도리를 선물했어요. 그럼 목도리는 그 친구의 '호감'을 상징합니다. 부모님께 아르바이트해서 목도리를 사다 드렸다면 '효도'의 상징이 되겠죠?

마지막으로 '기호'라는 건 이렇습니다. 사물이 그 사람의 분위기나 느낌, 지위 등을 보여 준다는 겁니다. 예를 들어 두 개의 목도리가 있습니다. 그런데 느낌이 달라요. 하나는 고급스럽고 디자인도 멋지지만 다른 하나는 투박하고 미적인 감각이 떨어집니다. 우리 보통 "간지 난다"고 하잖아요. 좋은 목도리를 하면 주변에서 높이 평가하는 거, 그건 목도리가 하나의 '기호'로 작용하기 때문입니다. '기호'는 감각, 위신, 자기의 고유성 등과 관계해요.

목도리라는 하나의 사물에는 사고파는 상품, 추위를 막기 위한 도구, 선물의 의미, 개성을 드러내는 기호의 차원이 존재한다는 겁니다. 패션의 영역에서 보자면 우리는 도구적 차원보다는 기호의 차원을 중시합니다. 어떤 사람은 추위를 막으려고 목도리를 매지만, 어떤 사람은 자신의 세련된 감각을 과시하기 위해 맵니다.

여러분, 이 네 가지 중에서 가장 자본주의와 밀접한 게 뭘까요? '도구'는 시대를 초월해서 존재해 왔습니다. 원시 시대 때부터 털가죽으로 목도리를 만들어 써 왔으니까요. '상징'도 마찬가지입니다. 그렇다면 '상품'과 '기호'는 어떨까요. '상품'은 자본주의에서 사물이 존재하는 방식입니다. 가장 밀접한 관계가 있죠.

보드리야르는 특히 마지막 네 번째 차원 즉, '기호'에 주목합니다. 현대 자본주의에서 사람들이 사물을 '기호'로 소비한다고 보았기 때문이에요. 요즘은 목도리를 봐도 "따뜻하겠다"라고 말하는 사람보다 "그거 얼마짜리니? 어디서 샀어?" 또는 "어느 상표니?" 하고 묻는 사람이 많잖아요.

여러분 짝퉁이라는 게 뭡니까? 좀 더 저렴한 가격에 명품처럼 보이려고 하는 거잖아요. 디자인은 정말 똑같은데 재질이나 품질은 떨어집니다. 사람들은 이걸 알고도 사요. 왜냐하면 그랬을 때 사람들이 '아, 저 사람은 명품을 살 만큼 돈이 많구나. 저 사람은 명품을 살 만큼 감각이 남다르구나.' 하는 인식을 심어 줄 수 있으니까요. 목도리라는 사물이 자기를 알리는 '기호'로 작용하는 것이죠. 보드리야르는 그렇게 생각했습니다.

장미꽃 100송이라는 '기호'

'기호'를 설명하기 위해 예를 더 들겠습니다.

여기 케이크가 있습니다. 그런데 가격이 100만 원이에요. 친구네 집에 생일 초대를 받아서 갔는데 그런 케이크가 놓여 있습니다. 이때 케이크는 친구네가 얼마나 잘사는지 보여 주는 기호입니다.

결혼할 때 예물로 주는 다이아몬드 반지가 있죠? 여러분, 다이아몬드의 용도가 뭡니까? 다이아몬드는 산업용으로 쓰입니다. 존재하는 물질 중에 강도가 가장 세거든요. 그래서 드릴 같은 것을 만들 때 사용됩니다. 하지만 누군가의 손가락에 끼워진 수천만 원짜리 다이아몬드 반지는 무엇을 나타냅니까? 앞서 100만 원짜리 케이크만큼이나 그걸 가진 사람의 지위와 신분을 보여 주는 '기호'가 되는 겁니다.

누군가 기념일에 장미꽃 100송이를 받습니다. 이걸 들고 다니는 사람에게 그 장미꽃은 무엇으로 존재합니까. '나, 이런 사람이야. 내 남자가 나를 이렇게 사랑해.' 그런 메시지를 주잖아요. 이때 장미꽃은 애정의 대상이 되었음을 알려주는 '기호'가 되는 거예요.

여기서 케이크와 다이아몬드와 꽃은 '도구'로 쓰이지 않아요. 케이크? 케이크도 먹으라고 놓인 게 아닙니다. 그럴 거면 1만 원짜리 100개를 샀겠지요. 그리고 '상품'으로도 존재하지 않습니다. 팔아서 다른 걸 사나요? 그럴 수도 있겠지만 준 사람 성의를 생각한다면 그럴 수 없겠죠.

생각난 김에 잠깐 선물 얘기를 할게요. 제가 생각하는 나쁜 선물이 뭐냐 하면 상품권 같은 거예요. 여러분, 상품권 받으면 어떤 생각부터 듭니까? 이걸로 뭘 사지? 이걸 살까, 저걸 살까. 그러면 선물이 아닌 겁니다. 누군가에게 선물을 준비할 때 마음이 어떻습니까? 저 친구가 목도리가 없어. 그래서 늘 추워 보여. 이걸 하면 얼마나 따뜻할까? 그러면 받는 친구도 그 마음을 느낍니다. 목도리가 진정한 의미의 선물이 되는 거죠.

상품권은 받는 순간 다른 상품으로 교환되면서 그 의미가 사라집니다. 돈과 같아요. 돈이 선물은 아니잖아요. 선물은 그 사람의 마음이 보여야 합니다. 내가 어떤 친구에게 선물을 주었을 때 "어, 이거 좋은데." 이러면 선물이 아니에요. 비싼 것 주면 반응하고 그렇지 않은 것 주면 "아이 씨, 뭐야?" (웃음) 이런 반응 보이면 그건 선물로 받아들이는 게 아닌 겁니다.

현실에서는 안 그렇죠? 비싼 게 좋은 선물이고 멋지고 쓸모 있는 게 선물로 인식됩니다. 하지만 원래 선물은 도구나 기호의 차원이 아니라 거기에 담긴 사람의 마음 즉, 상징의 차원으로 존재하는 거예요. 써 버릴 수도, 다른 상품으로 바꿀 수도 없는 것이죠. 보드리야르는 그렇게 보았습니다. 극단적으로 말하면 선물로 받은 케이크는 먹지도 말아야 하는 거예요.

보드리야르의 시각으로 보면 우리는 제대로 된 선물을 한 번도 준적이 없습니다. 친구 생일 선물을 고를 때 예전에 자기가 받은 거랑 따져 봐서 '이 정도면 되겠지.' 하잖아요.

해마다 새 옷을 사야 하는 이유

자, 그럼 다시 소비와 기호의 문제로 돌아와 봅시다.

아까 보드리야르가 "마지막 것만이 소비라는 특수한 영역을 규정 짓는다"라고 했잖아요. 보드리야르가 보기에 사람들이 물건을 사는 이유는 도구적 기능보다는 그것을 소유해서 채울 수 있는 욕망 때문이라는 거예요. 튼튼해서 사는 게 아니라 예뻐서 사고, 꼭 필요해서 사는 게 아니라 '있어 보여서' 사잖아요.

대학생들이 보지도 않는 두꺼운 원서, 길거리에서 왜 들고 다닙니까? '나, 이런 사람이야. 이런 거 읽는 대학생이라고.' 하는 메시지를 주잖아요. 이런 요소를 무시하면 안 됩니다. 보드리야르는 현대 자본주의 사회에서 소비는 이렇게 '기호'로 이루어진다고 했습니다.

집집마다 가전제품 하나씩은 있죠? 예를 들면 세탁기나 냉장고, TV 등이 있을 겁니다. 여러분, 'TV의 죽음'을 보신 적 있나요? 저는 보았습니다. TV가 수명이 다하면 모니터 위에서 시꺼먼 게 내려옵니다. 그리고 화면이 작아져요. 그러다 어느 날 "퍽!" 하는 소리와 함께 '사망'합니다. 예전에는 이렇게 수명을 다할 때까지 썼어요. 그제야 새로 TV를 사려고 대리점을 찾죠.

하지만 요즘은 어떻습니까? 고장 나서 바꾸지 않습니다. '기호' 때문에 바꿔요. 광고에서 멋지게 선전하는 신제품을 사려고 여전히 쓸 만한 TV를 쓰레기 더미 위로 내던집니다. 옷은 더 하죠. 닳아서 버리는 사람 있나요? 자라거나 살이 쪄서 버릴 수는 있겠군요. 하지만 대부분 유행 따라 새로 옷을 구매합니다. 예전 거는 멋이 없는 거예요. 사람들이 촌스럽다고 놀리잖아요.

이제는 필요에 따라 물건을 사는 시대가 아니라는 거예요. 멋져 보이려고, 개성을 드러내려고 '간지 나는' 물건을 찾아다니는 겁니다. 연예인들이 쓰는 거 불티 나게 팔리잖아요. TV에서 보면 멋지거든요. CF에 나오는 사람들은 늘 행복하잖아요. 청소를 해도 즐거워합니다. 넓은 집에서 우아한 음악을 들어 가며 진공청소기로 청소하는 CF가 주는 메시지가 뭐예요. '이 진공청소기를 사면 당신도 행복해질 수 있습니다'라는 거잖아요.

프라다라는 명품 브랜드의 가방이 수백만 원 합니다. 사람들이 이걸 사는 이유는 물건을 담기 위해서가 아니에요. 현대 자본주의 사회에서 프라다를 들고 다닌다는 건 자기의 신분을 과시하는 겁니다. 명품은 비쌀수록 잘 팔립니다. 이제 도구로서 물건을 사는 시대는 지난 거예요. 여전히 도구로 물건을 사는 사람들은 가난하고 불행한 사람들이에요. 추워서 옷을 사야 하는 사람들이니까요.

보드리야르가 현대 자본주의의 속성을 예리하게 지적한 겁니다. 우리가 이런 점을 알고 있을 때 새로운 사회에 대한 전망도 세울 수가 있는 거겠죠.

돈을 이기는 방법

그렇다면 이런 자본주의의 폐해를 어떻게 극복할 수 있을까요? 네 가지로 정리를 해 볼 수 있을 것 같네요.

첫 번째, 상품의 형식에 들어가지 않는 것들을 확대해야 합니다. 인간을 포함해서 모든 사물이 상품화되는 현대 자본주의 사회에 저항하는 길입니다. 사람들이 좋은 대학과 연봉에 목매는 이유가 뭡니까? 그럭저럭 먹고사는 데 굳이 좋은 대학, 억대 연봉 필요 없잖아요. 이건 다른 사람에게 과시하기 위해서입니다. '나, 잘 팔리는 사람이다. 고급 교육 받은 사람이다.' 이런 메시지를 주고 싶은 거예요. 인간의 욕심은 끝이 없습니다. 상품과 기호는 이걸 자극해요.

어떤 사람이 사과를 수천 개 수확했다고 합시다. 도구적 차원만 보자면 사과는 먹는 거예요. 나머지 사과는 의미가 없습니다. 그래서 썩기 전에 이웃에게 나눠 줄 수 있는 거예요. 하지만 이게 돈으로 환산되는 '상품'이 되면 문제는 달라집니다. 돈이 얼만데 이걸 나눠 줍니까?

시골 사람들이 왜 인심이 좋은지 아세요? 그들이 선해서가 아니라 가지고 있어 봐야 별 도움이 안 되기 때문입니다. 물고기 100마리 잡으면 뭐해요. 조금 있으면 썩는데. 적어도 돈이 생기기 이전에는 모든 인간 사회가 그랬어요. 언제든 상품으로 교환될 수 있는 '돈'이 생기자 인간의 허영과 탐욕도 커졌습니다.

그렇기 때문에 자본주의를 극복하려면 도구와 상징으로 사물의 지위를 강화해야 합니다. 그렇다면 어떻게 강화해야 할 것인가가 핵심적인 문제가 되겠지요. 자신이나 타인의 삶을 편리하게 만드는 수단으로 사물을 사용하거나, 아니면 타인에게 만남의 기쁨을 표현하는 선물로서만 사물을 사용하자는 거예요. 이렇게 하면 자본주의는 완전히 붕괴합니다. 돈을 목적으로 물건을 사용하지 않고 나와 타인의 삶을 행복하게 하려고 사용하게 되니까요.

하지만 현실적으로 이게 가능할까요? 여기에는 하나의 전제가 있습니다. 탐욕을 버릴 수 있어야 하는 거예요. 과연 인간이 물건을 그 유용함에 맞게 자기가 쓰거나 남에게 선물로 주는 게 가능할까요? 남는 걸 상품으로 팔거나 과시하기 위해 쌓아 두는 걸 막을 수 있을까요? 고민이 필요한 지점입니다.

두 번째, 개인들이 권력을 회복해야 합니다. '중앙 권력은 개인이 만든 증서의 불확실성을 증폭' 시킵니다. 무슨 얘기냐 하면 국가가 공식적으로 만든 증서(화폐) 외에 이루어지는 개인 거래를 통제하려 한다는 거예요. 어떻게? 바로 불확실성 즉, 불신을 강조하면서 이루어집니다.

예컨대 어떤 친구가 돈이 없어서 연필을 구할 수 없습니다. 대신 짝꿍에게 나중에 돈이 생기면 주겠다고 하고 연필을 빌립니다. 그 내용을 종이에 적어 주기까지 했습니다. 이때 두 사람 사이에는 신뢰가 발생합니다. 덕분에 그 친구는 국가 즉, 한국은행이 발행한 돈이 없어도 연필을 사용할 수 있게 되지요. 일종의 사적인 화폐를 만든 겁니다. 하지만 이렇게 되면 국가의 권력이 약해집니다. 서로 자기들 화폐를 쓰는데 국가가 무슨 할 일이 있겠어요.

그래서 국가는 증서대로 개인들이 거래를 수행하지 않을 수 있다는 불안감을 증폭시켜야만 합니다. 그리고는 자신이 만든 통화 형식만이 안전하다고 선전하는 것이지요. 국가의 공권력만이 안정된 거래를 보장한다는 명분으로 말입니다. 결국 인간들이 상호 불신에 빠지면 그 여백에 국가가 개입하게 되는 법입니다. 아니 정확히 말하면 국가가 개입함에 따라 상호 불신은 더 커진다고 해야 할 겁니다. 친구끼리 서로 믿지 않고 연필 빌려 쓸 수 있나요? 저 친구가 나중에 연필 갖고 튈 거 같다면? 아마도 빌려 주지 않을 겁니다. 대신 돈을 요구할지도 모르죠.

우리는 서로 도우면서 지낼 수 있어요. 내가 잘하는 것과 다른 친구가 잘하는 게 다 다르잖아요. 서로 장점이 있으니까 그걸 나누면 훨씬 좋아질 수 있습니다. 하지만 그러려면 서로 간에 믿음이 있어야 해요, 내가 이렇게 하면 상대방이 이걸 해 주겠지 하는. 하지만 이게 부족할 때 돈이 이 틈을 메워 줍니다. 국가 권력이 개입하지요. '이 돈만 있으면 돼.' 하고 말입니다. 문제는 이렇게 국가가 개입하면서 상호 불신이 더욱 커진다는 겁니다. 그러다 마침내 국가가 지정한 통화가 절대적 지위를 얻게 된 거지요.

따라서 인격적 관계, 상호 신뢰를 회복한다면 절대적인 교환 수단인 국가의 화폐 즉, 돈의 지위는 조금씩 약해질 수가 있습니다. 돈의 지배를 안 받을 수도 있다는 거예요. 중앙 권력이 보장하는 통화 형식을 거부하고 각 개인 사이에 자유롭게 화폐를 만들어 교환을 자율적으로 시도해야 합니다.

예를 들어 볼게요. 사과를 수확한 사람 A, 쌀을 생산한 사람 B, 물고기를 낚는 사람 C가 있습니다. A는 B로부터 쌀을 구합니다. 하지만 B는 A가 수확한 사과가 필요 없어. 이때 두 사람의 거래가 성립하지 않습니다. 그래서 A가 B에게 쌀을 받고 대신 증서를 하나 줘요. A는 언제든 이 증서를 가져오는 사람에게 사과를 내준다는 내용입니다. 증서를 받은 B는 그걸로 C에게 물고기를 삽니다. C는 나중에 그 증서를 A에게 가져와 사과로 바꿔갑니다. 어때요? 가능하지 않습니까? 돈이 없어도 이 세 사람은 모두 필요한 물건을 구할 수 있게 되는 거예요. A가 써 준 증서를 신뢰하기만 하면 됩니다.

만약 내가 음악을 잘한다. 그러면 음악 증서를 발행합니다. 또 차茶를 잘 타는 친구는 차 증서를 발행해요. 필요한 물건을 이 증서로 구해요. 그리고 나중에 증서 가져오는 사람에게 음악을 연주하고 차를

타 주면 되잖아요. 실제로 이렇게 일종의 '대안 화폐'를 만들어서 쓰는 공동체가 있습니다.

칸트의 정언 명령과 자본주의

지금까지 자본주의를 극복하기 위한 두 가지 방법을 살펴보았습니다. 세 번째는 돈을 목적이 아니라 수단으로 보는 것입니다.

자본주의는 돈을 제외한 모든 것을 상품으로 만듭니다. 결국 돈이 지고한 목적이 되고, 사물이나 인간은 돈을 획득하기 위한 수단으로 전락하게 되지요. 그래서 자본주의는 다음과 같은 행동 불신 강령을 세웁니다. '인간을 포함한 모든 것을 돈을 위한 수단으로 보라.' 그래서 인간의 발전과 성장이 연봉으로 측정됩니다.

여러분, 요즘 '스펙'이라는 말 자주 듣죠. 원래 '스펙'이라는 게 어떤 상품의 구체적 사양을 말하는 거잖아요. 일종의 상품 명세서 같은 거죠. 그런데 이게 요즘은 사람에게도 통용됩니다. 토익 점수, 학위, 출신 대학, 취득한 자격증 등이 여기에 해당하잖아요. 이건 스스로를 물건 취급하는 자기 비하적인 표현이에요. '스펙'은 그 사람의 상품성만을 말해 줍니다. 그 사람의 의지나 가치 같은 측면은 배제해요. 그래서 사람을 스펙으로 따지는 것은 위험한 발상입니다.

나는 나예요. 누군가 돈 많은 부모님 때문에 나를 좋아한다면, 내가 연봉 많이 받는 직장에 다니기 때문에 좋아한다면, 행복한가요?

다니던 직장 그만두면 어떡하죠? 부모님이 재산을 날리면? 나를 나 자체로 좋아하는 사람을 만나야 합니다. 그 사람이 가진 어떤 것, '스펙' 때문에 생긴 만남은 '스펙' 때문에 깨져요.

영어를 못해도 다른 걸 잘할 수 있습니다. 자격증이 없어도 특정 분야의 전문가일 수 있고요. 전자 공학을 전공했어도 음악을 즐기고 영화를 만들 수 있습니다. 외형적인 '스펙'이 한 인간에 대해 이야기 해 주는 건 별로 없어요. 그럼에도 불구하고 사람들이 '스펙'을 따지는 이유가 뭘까요? 여러분도 학원 다니면서 스펙을 쌓고 있나요? 결국 '스펙'은 인간의 상품성을 따져 이익을 얻을 수 있는 자본가를 위한 말입니다. 얼마나 좋아요. 자기들이 알아서, 부려먹기 좋도록 상품성을 높여가지고 찾아오니.

일제 강점기 때 왜 한국어 못 쓰게 했습니까? 일 시키려고 그런 거 잖아요. 일본말을 배워야 자기들이 시키는 게 뭔지 알아들을 수 있잖 아요. 노예가 주인의 말을 못 알아들으면 주인이 노예로 부릴 수가 있습니까? 그런데 요즘은 노예 스스로가 주인의 말을 배우려고 노력 해요. 슬프지 않습니까? 영어 공부 왜 해요? 일제 강점기 때 일본어 배우는 거와 뭐가 다르죠? 영어 잘한다고 자랑할 일이 아닙니다. "나는 앞으로 잘 팔릴 거야"라는 말과 같으니까요.

철학자 칸트는 인간을 단순한 수단이 아니라 목적으로 보아야 한 다고 이야기했습니다. 이러한 칸트의 '정언 명령'•은 자본주의의 행

• 모든 행위자가 절대적으로 지켜야 하는 도덕률.

동 강령을 무력화시킬 수 있는 행동 지침으로 기능할 수 있습니다. 인간을 돈에 좌우되는 노예가 아니라 돈을 수단으로 사용하는 주인, 자유인, 주체로 본다는 뜻이거든요.

타인을 수단으로 만드는 가장 좋은 방법은 돈을 주는 겁니다. 그러면 뭐든지 하잖아요. 이사를 한다고 합시다. 그러면 이삿짐 부리는 사람들이 오잖아요. 이때 나는 그들을 '수단'으로 쓰는 겁니다. 혼자 짐 못 옮기잖아요. 대신 돈을 줍니다. 그들은 그 돈을 벌려고 오는 거고요. 그런데 짐을 나를 때 한 사람이 힘들어합니다. 어떻게 하는 게 좋을까요? 돈을 더 줘요? 그래도 힘들어한다면? 내가 편하자고 돈을 썼는데, 도와주면 소용없잖아요. 애매한 지점입니다. 만약 '수단'으로 본다면 그냥 두는 거고요. 칸트의 정언 명령에 따르면 타인을 목적으로 봐야 한다고 했으니 도와줘야겠지요.

현실에서는 참 힘든 얘깁니다. 더군다나 인간이 수단으로 전락한 자본주의 사회에서는 더욱 그렇습니다. 이런 것들이 가능하려면 권력이나 자본이 주는 인간에 대한 비관적 전망을 극복해야 합니다. 우리가 서로 쪼개지고, 인격적으로 불신하면 그 틈을 비집고 권력이라는 게 항상 들어옵니다. 그리고 다시 불신을 조장하죠. 우리의 불신이 권력을 만든 건지, 권력이 우리를 불신하게 만든 건지 저도 헷갈리지만 현실이 그래요. 잊지 말아야 할 것은 거대 중앙 권력이 생기면서 범죄가 더 많이 생겼다는 사실입니다. 인격적인 관계를 맺은 작은 공동체에서 오히려 범죄가 적습니다. 왜 그럴까요? 신뢰 때문입니다. 인간이 인간을 신뢰하면 범죄는 일어나지 않아요.

인류 역사에 거대 권력이 생긴 게 언제쯤일까요? 여러분 이집트의 피라미드 아시죠. 수천 년 전 세워진 피라미드야말로 절대 권력의 상징이잖아요. 그것이 왜 절대 권력의 상징일까요? 그걸 지으려면 얼마나 많은 사람의 힘이 필요했을지를 상상해 보면 됩니다. 그렇게 많은 사람을 동원할 수 있는 건 절대 권력이 아니라면 불가능했을 거예요. 당시 이집트에는 강력한 왕권이 존재했습니다. 이들이 노예를 부려 완성한 게 바로 인류의 문화유산이라는 피라미드입니다.

현대에 남은 문화유산들은 사실 많은 이들의 희생의 결과입니다. 인간의 노동력에 의존했을 당시의 기술력으로 짐작건대, 피라미드를 짓는 동안 얼마나 많은 노예가 죽거나 다쳤겠어요.

인간이 자유로워질수록 거대 건축물은 안 생깁니다. 중국의 자금성이나 만리장성이 어떻게 생겼습니까. 강력한 왕권을 바탕으로 이를 과시하기 위해 만들어진 거잖아요. 강력한 권력이 군림할수록 자유로운 사람의 수는 점점 줄어드는 게 역사적 사실입니다. 그러니 경복궁이 자금성보다 작다고 해서 부끄러워할 일이 아니에요. (웃음)

돈이 삶을 파편화시킨다

다음으로 자본주의를 극복하는 네 번째 방법을 보겠습니다. 바로 인간관계의 직접성을 강화하는 것입니다. 돈의 영향력을 줄이려면 당연히 인간과 인간의 직접적인 만남이 필요하겠죠. 돈으로 매개되지 않는 관계를 가지는 겁니다.

돈이 위력을 발휘하려면 개인이 파편화되고 전문화되어 있어야만 합니다. 여기에 불신이 더해져야 하지요. 서로 뭘 하고 있는지 다 알고 친하게 지내면 어떻게 되겠어요. 야, 이거 좀 해 줘. 너 쌀 좀 나한테 줄래? 내가 물고기 줄게. 이렇게 되잖아요. 이러면 돈이 설 자리가 없습니다. 그 관계가 완전히 끊어져야 돈이 작동할 수 있어요. 여기서 말하는 전문성이라는 건 자본주의 체제가 규정하는 전문화된 활동을 말합니다. 우리는 자신의 전문화된 활동의 대가로 돈을 받고, 그것으로 다른 전문화된 활동으로 만든 상품을 구매합니다.

하지만 그렇게 전문화된 노동력이 상품 가치를 상실했을 때 즉, 늙거나 더 좋은 노동력으로 대체될 수 있을 때 자본은 그것을 주저 없이 버립니다. 예컨대 대학에서 전자 공학을 전공하고 나와서 그 분야의 일만 해요. 그러다 어느 날 회사로부터 해고 통지서가 날아듭니다. 이 사람은 앞으로 어떻게 될까요? 다른 건 아무것도 모릅니다. 농사를 지을 수도 없고 다른 분야의 일을 할 능력도 없어요. 하는 수 없이 길거리에 나앉게 됩니다. 현대 자본주의 사회에서 도시 생활을 하면서 특정 분야의 전문가가 된다는 건 자본이나 권력에 종속된다는 것과 같은 말입니다.

혼자 1등 하려고 고독하게 살아가다가 막상 사회로부터 버림받으면 갈 곳이 없는 거예요. 이전에 인간적인 관계가 쌓여 있다면 이와 같은 불행을 피할 수 있습니다. 사람들이 이렇게 고독하게 경쟁을 하게 된 것은 자본주의가 '돈 없으면 죽는다'는 신념을 각인시킨 결과

이기도 해요. 그래서 죽기 살기로 자기 분야에서 1등이 되려고 하잖아요. 돈을 벌어야 하니까.

여러분이 나중에 공부할 때도 폭넓게 하는 게 좋아요. 자기 전공에만 신경 쓰는 건 위험해요. 그리고 돈을 매개로 하지 않는 인간관계를 만들어야 합니다. 비록 돈이 되지는 않지만, 함께하는 삶의 기쁨을 나눌 수 있는 관계를 다각도로 도모해야 해요.

사람이 고독한 개인으로, 혹은 파편화된 개인으로 남을 때 돈의 힘은 압도적으로 작용합니다. 자신이 필요로 하는 것을 타인으로부터 직접 얻을 수 없고, 오직 돈을 매개로 해서 구입할 수밖에 없기 때문입니다. 친한 친구라면 무언가 부탁할 수도 있고 빌릴 수도 있죠. 그런데 편의점 주인한테 뭘 얻을 수 있나요? 그 사람과 나는 별개잖아요. 오로지 물건을 사고파는, 돈으로만 연결되는 관계인 거예요. 그렇게 인간관계가 끊어지고, 직접적 관계가 끊어지면서 돈만 남는 게 바로 자본주의입니다.

일상에서 자라나는 희망

우리가 서로 믿고 도와주면 돈의 지배력이 약해집니다. 사람들이 돈 없이도 행복하고 기쁘게 살아간다면 돈이 설 자리가 없어지는 거예요. 돈의 힘이 약해집니다. 그러면 사과나무를 가꾸는 사람, 음악을 연주하는 사람, 벼농사를 짓는 사람, 그리고 옷을 짜는 사람이 돈이 매개가 아닌 신뢰와 기쁨으로 공동체를 꾸릴 수 있게 되는 겁니다. 아직은 자본주의가 압도적이기 때문에 쉽지 않은 일입니다만 세계 곳곳에서 이러한 실험들이 이어지고 있어요. 그런 삶을 위해 우리가 고민해야 하는 것들은 지극히 현실적인 것입니다.

우리가 '간지 나는' 목도리를 포기할 수 있을까? 매력적인 커피숍에 가서 분위기 잡는 거를 포기할 수 있을까? 고급 식당에 가서 애인과 품위 있게 식사하는 꿈을 포기할 수 있을까? 이런 것들을 생각해 보았나요? 애인이 내가 사는 맛있는 음식을 좋아한다면 오히려 내가 이걸 살 능력이 안 됐을 때 관계가 어떻게 될지도 고민해 보아야 한다는 겁니다. 여러분이 돈의 지배를 받는다면 지갑이 비는 순간 데이트는 불가능해집니다. 슬프게도 이게 자본주의의 현실이에요.

신뢰로 구축된 인간관계는 서로를 구하지만, 돈은 언제든 우리를 버릴 수 있습니다. 좋은 대학에 갔다고, 좋은 직장에 취직했다고 만족할지 모르지만 당장의 성공과 돈을 좇다가는 불행해질 수 있어요. 하지만 자본주의는 그게 오히려 행복이라고 선전합니다. TV를 보세요. 어디에나 풍족한 삶을 사는 사람들입니다. 여러분 부모님도 예외는 아닐 거예요. 용돈을 드리거나 상품권 같은 선물이 들어왔을 때 해맑은 표정 보이잖아요. 그걸로 이것저것 살 수 있으니까. 당장 행복해질 것 같은 착각이 드는 거예요. 그래서 알고 있지만 일상에서 실천하기가 어려운 겁니다.

너무 비관적인 얘기만 한 것 같아, 마무리하는 의미에서 희망적인 이야기를 해 보겠습니다. 우리가 일상에서 돈에 저항하려면 보드리야르가 말한 상품이 가지고 있는 '기호'의 차원을 깊이 유념해야 합니다. 기호의 측면을 잘 보면 우리가 스타벅스에서 커피를 마실 때도 '아, 저건 커피가 맛있어서가 아니라 세련된 이미지를 소비하려는 거구나.' 하고 이해할 수 있게 되는 거예요. 그럼 힘들게 아르바이트해서 번 돈을 몇 잔의 커피 값으로 날려 버리는 일은 줄어들겠죠. 그런 것이 습성이 되면 자본에 정복당하지 않는 건강한 삶을 살 수 있습니다. 희망은 이렇게 우리가 인식하는 데서부터 시작됩니다.

나 자신뿐만 아니라 후배들이나 후손들한테도 도움을 줄 수 있어요. 그렇게 변화는 조금씩 조금씩 이루어질 겁니다. 산을 오를 때 처음엔 다리가 아프고 힘들더라도 꾸준히 걷다 보면 발걸음도 편해지고 산 정상도 가까워지잖아요.

우리가 운동할 때처럼 이 길이 내가 건강해지고, 사회가 건강해지는 길이라고 생각하면서 꾸준히 연습하는 겁니다. 무슨무슨 데이라고 우르르 몰려다니며 남들 따라하지 말고 진심이 담긴 선물을, 원하는 순간 하세요. 좀 더 특별한 관계를 맺을 수 있을 겁니다. 물론 기성세대들도 하지 못한 일입니다. 쉽지 않아요. 어쩌면 여러분 같은 후배들에게 숙제로 남겨진 일인지도 모릅니다. 자본주의라는 사회 시스템이 하루아침에 만들어진 것이 아니듯이 그것을 극복하는 데도 오랜 시간이 걸릴 겁니다. 100년, 200년 걸려서 구축된 시스템이잖아요. 하지만 어떤 사회든 영원한 것은 없다, 세상은 늘 새롭고 보다 나은 쪽을 향해 진보한다는 것 역시 인간의 역사가 보여준 분명한 진실입니다. 희망은 있어요.

예, 그럼 이상으로 강연을 마치고 질문을 받도록 하겠습니다.

선물의 진짜 의미

청소년 사물의 존재 방식 중 '기호' 개념과 관련해서 질문 드립니다. 생일날 친구가 케이크를 줬어요. 선물이니까 먹지 말고 계속 둬야 하나요?

강신주 보드리야르 주장에 따르면 선물은 써 버리면 안 됩니다. 케이크도 식사용이 아니라 선물이라면 썩을 때까지 그대로 둬야 해요. (웃음) 그런데 이런 반론이 가능합니다. 그걸 내게 선물한 사람도 이걸 먹지 않고 썩히기를 원할까? 그런 생각이 들 수 있잖아요. 애매합니다. 먹든 보관하든 선물을 준 사람의 마음을 오래 남기는 방법을 찾으면 되겠죠. 중요한 건 선물의 진짜 의미를 알아야 한다는 겁니다. 요즘 유행하는 무슨무슨 데이를 보면 더욱 그런 생각이 들어요.

밸런타인데이가 성행하자 어느 날부턴가 빼빼로데이가 생겼죠. 그걸 과자 회사가 직접 만들지는 않았겠지만 특정한 날에 빼빼로를 선물하는 문화가 생기면서 많은 돈을 벌었습니다. 그랬더니 이번에는 블랙데이가 나옵니다. 중국집이 돈을 벌죠. 기업에서는 이런 걸 마케팅에 적극적으로 활용합니다. 누군가에게 마음을 전하고 싶은 마음, 선물하고 싶은 마음을 이용하는 겁니다. 장삿속에 휘둘리지 않는 '좋은 선물'을 준비해야 해요. 하지만 이런 선물은 도구나 상품으로 쓰이지 않아요. 준 사람과 받은 사람만 아는 특별한 사물이 됩니다. 누군가 특별한 사람을 만나면 선물을 주고 싶어 합니다. 어떤 경우는 상대방에게 아예 자기 자신이 선물이 되길 원하죠.

자본주의 사회에서는 사람도 도구가 되고 상품이 됩니다. 어떤 사랑하는 두 연인이 결혼한다고 합시다. 아무리 사랑하는 사이라도 주된 수입원이 없어지면 생활이 힘들어집니다. 가정이 깨질 수도 있어요. 사랑한다고 말하던 사람이 멀어집니다. 직장에서 해고당하면 헤어질 준비를 하는 거예요. 돈을 잘 벌 때는 함께 여행도 다니고 외식도 하고 행복하게 살았습니다. 저 사람은 나한테 선물이야, 이렇게 생각했는데 나중에 그 사람이 직장을 그만두고 집에만 있게 되자 모든 게 날아가 버리는 겁니다. 슬픈 일이지만 그 사람은 그동안 도구이자 상품으로 존재해 왔던 거예요.

사람을 도구화했을 때 찾아오는 불행은 많습니다. 어떤 남자와 여자가 결혼을 합니다. 아이를 낳아요. 하다 보니 남자는 나가서 돈을 벌고 여자는 집에서 아이를 돌보게 됩니다. 처음부터 그러진 않았지만 언젠가부터 여자는 아이를 돌보는 도구 같은 존재가 되어 버려요. 그런데 어느 날 여자가 다칩니다. 몸이 아파 아이를 돌볼 수 없어요. 집안일도 하지 못합니다. 시간이 갈수록 여자는 도구로서의 존재 가치를 상실하게 됩니다. 남자는 고민에 빠지죠. 극단적인 얘기지만, 서로에게 도구화된 역할을 강요하다 보면 서로 불행해질 수 있다는 거예요. 내가 사람을 사귈 때 정말 이 사람을 선물처럼 생각하는지, 나를 빛내 주는 '기호'나 나를 편하게 해 주는 수단으로 생각하고 있지는 않은지 돌아봐야 합니다.

청소년   정말 좋아하는 친구가 있어요. 그래서 제 마음을 담아서 친구한테 조약돌을 줘요. 그것도 선물이 될 수 있나요? 정말 돈이 없어서 뭔가를 사 줄 수가 없을 때 말이에요.

강신주   선물의 의미는 주는 사람과 받는 사람 두 사람만이 아는 겁니다. 둘 중 한 명이 "이게 뭐야!" 하는 반응을 보인다면 아무리 값비싼 물건이라도 선물이 되지 못해요. 하지만 마음이 담긴 조약돌을 소중하게 받아들인다면 그건 두 사람에게 선물이 됩니다. 하나의 돌이 도구도 상품도 기호도 아닌 선물이 된다는 것, 행복한 일이겠지요?

명품으로부터 해방되는 길

청소년   사물을 기호로부터 분리시키려면 만날 싼 거만 입고 안 예쁜 거 사 입어야 하나요?

강신주   아무래도 그러기는 어렵겠지요? 그래서 힘들다는 거고요. 사람은 누구나 멋져 보이고 싶은 욕망이 있잖아요. 더구나 잘 보이고 싶은 사람 앞에 있으면 더욱 그렇겠죠. 내가 멋져 보여야 상대방도

호감을 보일 거 아녜요. 하지만 한 번 더 생각해 봅시다. 정말 내가 멋져 보이려면 꼭 저 옷을 입어야 하나? 하고 말이에요. 꼭 명품이 아니어도 스타일을 살릴 수 있잖아요. 요즘은 직접 옷을 만들어 입는 사람도 있고요. 허름하더라도 정성스럽게 꾸몄을 때 더욱 멋져 보일 수도 있습니다.

　문제는 내가 판단하려고 해도 자꾸 다른 사람의 기준이 끼어든다는 거예요. 내가 예뻐서가 아니라 남 보기에 그럴 듯해서 사는 경우가 있잖아요. 유행이라는 것도 그렇고, 연예인 따라하기도 그런 측면에서 이루어지는 거고요. 남들 다 입는데 나만 못 사 입는다면 창피하잖아요. 왜 그럴까요? 모두가 사물의 기호를 소비하는 데 익숙해져 있기 때문입니다. 나 한 사람의 문제가 아닌 거예요. '예쁘다'는 가치 판단은 그 사회의 문화에 속합니다.

　어렵지만 이런 것들로부터 자유로워지는 것도 충분히 가능합니다. 바로 아까 말한 것들을 인식하고 의지적으로 뛰어넘는 거지요. 남들이 예쁘다는 명품 목도리를 사 주는 대신 뜨개질로 직접 만들어 주는 겁니다. 정말 사랑하는 사이라면 그게 안 예쁘더라도 훨씬 가치 있게 받아들일 겁니다. 그렇게 되려면 두 사람의 노력이 필요합니다. 혼자서는 어려워요. 만약 사랑하는 사람이 이걸 이해 못 한다면 "어휴, 저 기호의 세계에 빠진 녀석 같으니!" 하고 욕해 주세요. (웃음)

　사람을 변화시키는 데는 시간이 걸립니다. 처음부터 나와 생각이 다르다고 절교하지 마세요. 시간이 오래 걸리더라도 명품보다 내가 떠준 목도리를 사랑하는 사람으로 변화시키는 게 더 현명한 일입니다.

제가 늘 강의를 하면서 하는 말이지만, 저는 인간의 삶이라는 게 급류 같은 데 던져지는 거라고 생각해요. 자본주의라는 급류에 떨어진 거죠. 원하지 않지만 휩쓸리게 되어 있어요. 하지만 그러지 않으려고 버티는 거, 저는 이게 필요하다고 생각해요. 그러기 위해서 우리는 배우고 공부합니다. 배움은 나무막대기 같은 거예요. 이걸 강바닥에 깊숙이 꽂는 겁니다. 우리의 삶이 급류에 휩쓸리지 않기 위해서라도 우리는 열심히 배워야 해요. 더군다나 현대의 자본주의처럼 혼자 힘으로 어떻게 해볼 수 없을 만큼 강력한 급류라면 친구들과 함께 더욱 힘을 내서 버텨야겠죠.

훗날 여러분이 나이가 들었을 때 60~70살이 되어서 훌륭한 사람으로 남는다면, 그건 여러분이 자본주의를 없애서가 아니라 그 험한 급류에서도 인간성을 지키며 살려고 노력했기 때문일 거예요. 위대한 사람들은 무언가를 완성한 사람이 아니라 버틴 사람입니다. 끝까지 버티는 거죠. 힘닿는 데까지.

어떨 땐 세찬 물살에 밀릴 수도 있습니다. 그렇다고 부끄러워할 필요는 없어요. 부끄러운 건 휩쓸려가면서도 자기가 잘나서 그런 줄 알고 떠들어대는 사람들이에요. 행여나 나중에 명품에 혹하는 때가 올지도 모릅니다. 하지만 그때의 여러분은 지금부터 룰루랄라 명품 타령하는 사람과는 달라요. 버티려고 노력했잖아요. 그렇게 우리가 조금씩 조금씩 버티고 노력하다 보면 인간의 삶에 다가가게 될 겁니다.

오늘날 우리에게 가르침을 주는 인문학자들도 그렇게 버틴 사람들이에요. 그들이 살아온 삶을 보면 참 힘들어 보이죠? 하지만 그런 사람들이 정말 행복한 사람들이에요. 인간답게 살기 위해 노력했으니까요. 예전 이솝 우화에 나오는 '싸움만 하는 삼형제' 이야기 아시죠? 이들에게 우정의 의미를 알리려고 아버지가 나뭇가지를 한 개씩 주면서 부러뜨려 보라고 하잖아요. 하나보다는 두 개가 낫고 두 개보다는 세 개가 훨씬 강합니다. 여러분에게 인문학은 그런 나뭇가지 같은 겁니다.

여러분, 늘 읽고 고민하고 깨우치는 사람들이 되기 바랍니다. 감사합니다.

허생은 왜 돈을 버렸을까?

송승훈 | 광동고등학교 국어교사

누군가 부자가 되었을 때
그게 순전히 개인의 노력 덕분이라고 보기도 어렵습니다.
마찬가지로 가난 역시 개인 탓으로만 돌릴 수 없고요.
여러 상황이 얽혀 있지요.
책에서 가난한 사람이 있는 사회에서 부자는 죄인이 될 수 있다고 했지요.
그 말을 저는, 부자가 되기까지 여러 사회 상황이 영향을 미쳤기에,
자기만 생각해서는 안 된다는 말로 이해합니다.
부자가 죄인이 되지 않으려면 가난한 사람을 도와야 합니다.

송승훈

경기도 광동고등학교에서 학생들과 함께 책 읽기 교육을 하고 있습니다. 지속가능한 독서교육 모임 '물꼬방'을 만드는 데 함께했고, '전국국어교사모임'에서 펴내는 격월간지 〈함께여는 국어교육〉의 편집 위원을 지냈습니다. 현재는 교육청과 여러 단체에서 글쓰기와 책 읽기를 주제로 강의도 하면서, 청소년들이 재미있게 읽으며 세상을 알게 되는 책을 가려 뽑는 일에 힘쓰고 있습니다.

허생은 왜 돈을 버렸을까?

이번 주제는 '문학 작품 속의 돈'입니다.

여러분 문학이 뭘까요? 어렵게 생각할 것 없습니다. 문학은 '사람 사는 이야기'예요. 사람 사는 이야기라고 하니까 막연한가요. 예를 들어 보죠. 여러분 혹시 최근에 읽은 책이 있나요? 『엄마를 부탁해』[*] 요? 네, 요즘 많이 읽히는 소설이죠. 저도 읽어 보았습니다. 줄거리를 잠깐 이야기해 볼게요.

엄마가 자식들을 만나러 아버지와 함께 서울로 올라오시다 사라집니다. 한글을 모르시는 이분이 서울역에서 아버지 손을 놓치고 어딘가로 가신 거예요. 그러자 딸, 남편, 아들이 모여 엄마와 함께했던 추억을 얘기합니다. 엄마의 실종을 계기로 가족들이 엄마에게 어떻게 소홀하게 대했는지를 돌아보는 내용이죠. 많은 한국 사람들이 어머니에 대해 미안한 기억이 있기에 이 작품을 읽으며 마음 아파하며 공감합니다. 또 있나요? 『동정 없는 세상』[**]이라는 책 이름이 들리네

[*] 신경숙. 『엄마를 부탁해』. 창비. 2008. 슬픔을 느끼고 싶은 사람에게 읽어 보라고 권합니다.

[**] 박현욱. 『동정 없는 세상』. 문학동네. 2001. 이 책만 읽으면 성적 자극을 받아 부작용이 생길 수 있어요. 그러니 대한사회복지회에서 엮은 10대 미혼모 수기집인 『별을 보내다』(리즈앤북, 2009)를 같이 읽어 보길 바라요.

요. 그 책 꽤 야한 책으로 알고 있는데 어떻게 찾아 읽었지요? 무슨 내용인가요? 아, 고등학교 3학년인 학생이 성적인 문제를 통해 자기 삶을 돌아보는 내용이라는군요. 남자 고등학생이 주인공인데, 어느 날 친구에게서 자기는 여자 친구와 성관계를 했다는 말을 듣고 자기도 한번 해 보고 싶어 해요. 여자 친구한테 "우리 한번 잘까?"로 시작해서 200쪽 내내 그 얘기예요. 주인공은 이래저래 실패를 거듭하면서도 끊임없이 시도합니다. 우리 학생들을 보니까, 책 속의 남학생이 언제 성공할까 궁금해서 잠을 못 자고 읽어. (웃음)

좋아요. 그리고 또 생각나는 문학 작품을 말해 볼까요. 네? 〈아이리스〉요? 그래요, 텔레비전 드라마도 일종의 문학 작품이죠.

문학은 사람 사는 이야기다
– 고대 시가 「치마를 걷고」, 「호위병」, 「황조가」

문학에 대한 설명은 많습니다. 하지만 소박하게 정리하면 더 이해가 쉬워요. 다시 한 번 말하지만, 문학은 사람 사는 이야기입니다. 누군가 등굣길에 깡패한테 돈을 빼앗겼다고 칩시다. 그럼 기분이 어때요. 화가 나죠? 그래서 학교에 가면 친구들한테 막 그 얘기를 해요. 그러면 친구들이 공감합니다. 나도 그랬어, 나쁜 놈, 경찰은 뭐 하는지 몰라, 하면서 말이죠. 그렇게 수다를 떨고 나면 풀리는 게 있어요. 억울한 일 당했을 때, 괜히 선생님한테 혼났을 때도 그럽니다. 친구들한테 이야기한단 말이에요. 사람에게는 감정이 올라올 때 누군가에게 얘기하고 싶은 본능이 있어요. 이게 문학의 원초적인 에너지입니다. 사람은 서로 통하고 싶은 본성이 있거든요.

여러분 어디 가서 신기하거나 이상한 거 보면 친구한테 문자 보내지 않나요. 문학이 그렇습니다. 뭔가 특별한 일을 겪었을 때 이걸 얘기하고자 하는 데서 문학이 나온 거예요. 시, 소설, 희곡, 탈춤, 영화나 드라마가 그렇습니다. 여러분 소녀시대가 부르는 노래도 문학일까요? 지지지지…… 이게 문학일까요, 아닐까요? 문학입니다. '지지지지'가 뭔가요? 떨리는 느낌을 나타내는 표현이잖아요. 그게 이 노래가 하고 싶은 얘기죠. 문학입니다.

여러분 이 책 한번 볼래요. 『중국역대시가선집 1』•입니다. 중국의 고전 시들을 모아 엮은 책입니다. 여기 실린 시를 한 편 읽겠습니다.

子惠思我(당신이 진정 나를 사랑한다면)

褰裳涉溱(치마 걷고 진수라도 건너가리라)

子不我思(당신이 나를 사랑하지 않는다면)

豈無他人(세상에 남자가 그대뿐이랴)

狂童之狂也且(바보 같은 사나이 멍청이 같은 사나이)

子惠思我(당신이 나를 진정으로 사랑한다면)

•기세춘·신영복 편역. 『중국역대시가선집 1-4』. 돌베개. 1994. 중국 고대부터 20세기 초반까지 대표적인 시를 가려 뽑아 놓은 책입니다. 중국 시를 일상에서 편하게 쓰는 우리말로 옮겨서 읽기가 무척 편합니다.

褰裳涉洧(치마 걷고 유수라도 건너가리라)

子不我思(당신이 나를 사랑하지 않는다면)

豈無他士(어찌 사내가 그대뿐이랴)

狂童之狂也且(바보 같은 사나이 멍청이 같은 사나이)

「치마를 걷고 褰裳」라는 시입니다. 어떤가요? 연애 시 같죠? 네가 나를 좋아하면 나도 잘하겠지만, 그렇지 않으면 나 역시 함부로 대하겠다. 대략 그런 뜻이 담긴 시 같습니다. 특별한 내용이 없지요. 그런데 유명한 고전인 시경에 나오는 시랍니다. 또 다른 시를 한 편 읽어봅시다. 「호위병 候人」이란 시예요.

저 어진 호위병이여 너는 긴 창 걸어지고

저 나쁜 대부 놈은 붉은 관복 입었구나

징검다리에 저 사다새 먹이를 위해 날개도 적시지 않는구나

저 나쁜 대부 놈들 그 관복이 부끄럽다

징검다리에 저 사다새 부리도 적시지 않는구나

저 나쁜 대부 놈들 그 은총이 부끄럽다

무성한 잡초런가 남산에 검은 구름 몰려오니

착하고 아름다운 여린 백성들 굶주린다

사다새는 펠리컨입니다. 아시죠? 목에 큰 주머니가 있어 여기에 먹이를 저장하는 큰 새. 이건 뭘 뜻하는 걸까요? 여기서는 귀족을 말합

니다. 펠리컨은 부리가 길어서 물고기를 잡아먹을 때 날개에 물도 안 묻히고 먹는다는 거예요. 편하게 잘 사는 사람을 빗댄 거죠. 반면, 긴 창 걸머진 호위병은 요즘으로 치면 경비원이나 군인입니다. 이 시는 이들 호위병을 보면서 백성의 고단함을 말하고자 했던 거죠.

여러분 「황조가」 알죠. 교과서에 나오잖아요. 펄펄 나는 저 새 두 마리, 남자 새 여자 새 서로 정답구나, 아, 외로워라, 나는 누구와 함께 집에 가나……. 뭐 이런 얘기잖아요. 여기에 담긴 내용이 뭐라고 생각해요? 수업시간에 배워서 알겠지만, 떠난 여자를 그리워하는 내용입니다.

문학 작품에는 이처럼 기쁨과 슬픔, 분노 같은 여러 감정이 있어요. 글을 쓰는 사람의 마음이 담기기 때문입니다. 시나 소설에서는 단순히 장면을 묘사할 때도 작가의 감정이 드러나요. 문학 작품에는 작가의 시선이 녹아 있어요.

돈과 삶, 그리고 사랑
−윤흥길 「하루는 이런 일이」, 공선옥 「나는 죽지 않겠다」, 김정한 「제3병동」, 셰익스피어 『로미오와 줄리엣』, 『춘향전』

윤흥길 선생이 쓴 『아홉 켤레 구두로 남은 사내』*라는 소설집이 있

---

* 윤흥길. 『아홉 켤레의 구두로 남은 사내』. 문학과지성사. 2001.

습니다. 1970년대 작품인데요. 여기 맨 앞에 실린 「하루는 이런 일이」의 내용이 이래요. 어느 날 주인공인 대학교수 앞으로 편지가 한 통 와요. 그런데 그 내용이란 게, 당신이 저지른 잘못을 알고 있으니 돈을 보내라, 그렇지 않으면 언론에 그 사실을 폭로하겠다는 겁니다.

편지를 받은 교수가 엄청나게 괴로워해요. 내가 잘못한 게 뭘까? 예전에 이런저런 일이 있었는데, 그걸 말하는 거라면 큰일이 아닌가, 돈을 보내야 할까……. 그러다 결국 돈을 보냅니다. 하지만 결국 아무 일도 일어나지 않아요. 보름 뒤에 답장이 오는데 그 내용이 충격적입니다.

돈을 잘 받았습니다. 선생님, 사실 전 선생님에 대해서 아무것도 모릅니다. 심리학을 공부하는 학생으로 학비가 없어서 고생하던 차에 사람들 반응도 궁금하고 해서 여러 군데 같은 내용의 편지를 보내 보았습니다. 그랬더니 선생님을 비롯하여 많은 분이 돈을 보내 주었습니다……. 이런 내용이었습니다. "도둑이 제 발 저리다"는 속담처럼 괜한 추측으로 돈을 보낸 거죠.

이 소설에서 돈은 어떤 역할을 할까요? 여기서 돈은 주인공 교수의 불안을 나타냅니다. 그리고 교수의 잘못이 세상에 알려지지 않게 입막음하는 수단, 즉 권력이기도 합니다.

최근에 나온 작품 중에 「나는 죽지 않겠다」(공선옥, 창비, 2009)라는 짧은 소설이 있습니다. 어렵게 사는 여성들의 삶을 잘 그려 내는 공선옥 선생이 쓴 소설인데 여고생이 주인공이에요. 이 친구가 반에서 돈을 걷는 회계 역할을 합니다. 그런데 집안 형편이 어려워요. 엄마가 늘 돈 때문에 스트레스를 받고 그러는데, 어느 날 오빠가 집에 보관 중이던 학급비를 갖다 써 버립니다. 당황스러운 상황이 발생한 거죠. 빌릴 데도 없고, 오빠가 그 돈을 노는 데 그냥 써 버렸다고 사실을 말할 수도 없습니다. 고민을 거듭하다가 자살까지 생각합니다. 하지만 결국에는 '난 안 죽어.' 이렇게 다짐을 하며 학교에 갑니다. 그래서 제목이 '나는 죽지 않겠다' 예요.

이 소설에 등장하는 돈은 또 뭘까요? 예, 발목을 묶는 족쇄와도 같습니다. 우리 일상도 그렇잖아요. 다 좋다가도 돈 문제만 나오면 힘들어지는 경우가 많습니다. 이렇게 돈은 권력이기도 하고 족쇄이기도 합니다.

또 다른 소설을 하나 이야기해 보죠. 김정한 선생의 「제3병동」*이라는 소설이 있어요. 김정한 선생은 주로 힘이 없어 억울하게 당하는 사람들 이야기를 많이 썼는데, 대개 비극적 결말임에도 오히려 거기서 희망이 느껴져요. 「제3병동」은 아주 짧은 단편 소설입니다. 여기에는 병에 걸린 어머니가 나와요. 의사가 진찰해 보니 폐렴입니다. 그 젊은 의사는 폐렴이 못 먹고 고생해서 생겼다는 걸 잘 압니다. 잘 먹고 편히 쉬어야 하는데 경제적으로 여건이 안 되니까 병세가 나아지지가 않아요. 그런 가난한 환자들이 모인 데가 '제3병동'이에요. 그런데 이 어머니를 간호하는 딸도 상태가 비슷합니다. 의사는 이들에게 최

---

*「제3병동」을 읽고 싶으면, 강진호가 엮은 『사하촌』(문학과지성사, 2004)을 찾아보세요. 또는 다섯 권으로 나온 『김정한 전집』(작가마을, 2008) 가운데 세 번째 책을 찾아보세요.

대한 잘해 주고 싶지만 약으로 해결될 문제가 아니잖아요. 그러다 어느 정도 시간이 지나면 어쩔 수 없이 퇴원을 시킵니다. 의사는 그렇게 퇴원하는 환자를 보며 마음이 무거워요. 그들이 열악한 환경으로 되돌아가야 한다는 사실을 잘 알기에 그렇지요. 이 소설에서 돈은 인간다움을 실현할 수도, 못 할 수도 있는 삶의 조건으로 등장합니다.

이번엔 과거로 무대를 옮겨 『춘향전』을 이야기해 보겠습니다. 춘향과 몽룡이 만난 지 얼마 만에 성관계했는지 아는 사람 있나요? 저쪽에서 손을 드는군요. 한 달이요? 아닌데요. 이쪽 친구는 보름이라고 하는군요. 아니에요. 그보다도 짧아요. 사흘이요? 아니요. 하루요? 맞아요. 그 둘은 낮에 처음 만나 그날 밤에 바로 관계를 합니다. 놀랍죠.

낮에 광한루에서 그네 타는 춘향을 보고 몽룡이 옆에 있던 방자에게 묻지요. "저 예쁜 여자가 어느 집 누구냐?" 그러자 방자가 "기생 월매의 딸 춘향인데요." 하고 대답해요. 몽룡이 춘향에게 사귀자는 말을 전해요. 그런데 춘향이 싫다고 하죠. 그리고 나서 몽룡이 집에 돌아오는데 공부가 안 되는 거예요. 책이 다 춘향으로 보이니 말이에요. 그래서 그날 밤 춘향이네 집 담을 넘어요. 춘향을 보려고요. 담을 넘어갔는데 엄마인 월매에게 걸려요. 월매가 인기척을 듣고 "거기 누구요?" 하고 묻지요. 몽룡이 하는 말이 "아, 사또집 아들 몽룡이라고 하는데 낮에 댁의 딸을 보고 반해서 같이 하룻밤 잠을 자러 왔어요." 하지요. 그런데 월매가 하는 대답이 놀랍습니다. "아, 그러세요. 저는 괜찮습니다만, 딸의 생각도 중요하니 물어나 보고 올게요." 하는 거예요. 엄마가 딸에게 묻죠. "낮에 만난 사또집 아들 몽룡이 지금 와서

너와 자고 싶단다. 어쩔래?" 그러자 춘향이 "네, 그러죠." 하고 대답해요. 어때요? 이게 정상으로 느껴지나요? 아름다운 사랑으로 보이나요?

여러분이라면 어떻게 하겠어요? 낮에 만난 여학생 집에 몰래 숨어 들다가 걸렸는데, 그 엄마가 이런다고 생각해 보세요. 이상하죠. 그런데 춘향과 월매는 왜 이랬을까요? '이거 찬스다.' 하고 생각한 거예요. 부잣집 도련님이니까요. 그렇듯 춘향과 몽룡의 사랑은 그 출발이 순수하지 않았어요. 몽룡은 춘향과 그저 한번 즐기자는 마음이었던 것이고, 춘향은 그런 의도를 알면서도 남자의 배경을 보고 호응한 거죠. 둘 다 아주 불순해요. 그런데 왜 이런 작품이 민족의 고전으로 꼽히고 교과서에 실릴까요?

그것은 두 사람이 '불순한 욕망'을 넘어 진실한 사랑을 이루었기 때문이에요. 그 과정에서 신분 차별이라는 시대의 한계를 뛰어넘는, 인간 해방을 향한 도전과 저항을 보여 주었기 때문이에요. 그 결과 이 작품이 많은 사랑을 받는 고전이 된 거예요.

몽룡이 과거에서 장원급제하고 암행어사가 되어 돌아왔을 때, 거지가 된 척하잖아요. 춘향이 어떻게 나오나 보려고요. 그때 춘향은 변 사또의 요구를 거절하는 바람에 감방에 갇혀 있었지요. 만약 그때까지도 춘향이 상대의 배경을 따졌다면 거지꼴이 된 몽룡을 버리고 변 사또와 사귀었겠지요. 그런데 그러지 않아요. 오히려 죽더라도 몽룡을 선택하겠다고 말하죠. 처음에는 계산적이었는데, 어느 순간 진짜 상대를 사랑하게 된 거예요. 몽룡은 충격을 받습니다. '아, 상대는 나를 진정으로 사랑하는데 단지 즐기려고 했을 뿐인 나는 뭔가?' 하고 이때까지의 자기를 돌아보게 되지요. 몽룡은 춘향의 사랑을 통해 지배 계급 '오렌지족'에서 민중과 연대하는 지식인으로 바뀝니다. 그 결과가, "암행어사 출두야!"로 나타나는 거지요.

서로 사랑하지만 신분 때문에 어려움을 겪는 이야기는 외국 작품에도 있죠. 대표적인 게 셰익스피어의 『로미오와 줄리엣』입니다. 동서양을 막론하고 이런 고전들이 사랑받는 이유는 뭘까요? 그건 주어진 조건을 뛰어넘는 사랑을 보여 주기 때문이 아닐까요. 인간은 부당한 것을 뛰어넘으려는, 정의를 향한 열망이 있는 존재예요. 그래서 현실에서는 부당한 유혹에 흔들리면서도 그런 현실을 넘어서려는 예술 작품 속 인물에 응원을 보내고 박수를 치고 열광한답니다.

차별을 해소하는 이야기는 오늘날에도 많이 등장합니다. 다만 과거와 달리 신분제가 아닌 재산 즉, 돈이 그 자리를 차지하고 있죠. 지금 부모가 양반이 아니라서 고민하는 사람은 없잖아요. 자본주의 사회는 돈 때문에 불평등한 사회입니다.

평등하려면 출발선이 똑같아야 해요. 누구에게나 똑같이 기회를 줘야 합니다. 예를 들어 체육 시간에 달리기를 하는데 누구는 10미터 앞에서 시작하고 누구는 뒤에서 하면 불공정한 것이지요. 하지만, 인간에게는 공정한 규칙을 깨고 싶은 어두운 욕망이 있습니다. 그래야 자기가 1등 할 수 있고 더 많이 차지할 수 있으니까요. 하지만 인간에겐 그런 욕망과 함께 이를 제어할 수 있는 밝은 이성도 있습니다. 다행이지요.

내가 이렇게 행동하면 감당이 안 되겠구나, 좀 참아야겠다. 이런 생각이 사회를 유지합니다. 힘센 친구는 약한 애를 괴롭히면서 쾌감을 느껴요. 하지만 그런 것을 허용하면 더 센 친구가 자기를 괴롭히고, 또 그보다 더 센 친구가 자기를 괴롭히는 친구를 괴롭힙니다. 사회 전체가 약육강식의 정글이 되면서 맨 위에 있는 몇 놈만 행복해지고 나머지 모두 인생이 피곤하고 아수라장이 됩니다. 그래서 '힘으로 괴롭히지 말자'는 사회적 합의가 생깁니다.

요즘 많이들 하는 사교육 과외 공부만 해도 그렇습니다. 예전엔 이게 불법이었어요. 불평등하다는 거예요. 학교에 가서 배우는 걸로 경쟁을 해야지, 개인 돈 들여서 하면 돈 없는 사람에 대한 차별이 된다는 사회적 인식이 있었습니다. 그런데 지금은 그러지 않아요. 왜냐? 내 돈 갖다 내 자식 가르친다는데 국가가 왜 참견이야, 하고 생각하는 사람이 많아진 탓입니다. 그러다 보니 과외나 학원 같은 게 일반화된 사회가 되었지요.

시인이 땅을 노래한 이유 – 안도현 「땅」

안도현 시인의 「땅」*이라는 시가 있습니다. '내게 땅이 있다면 거

---

* 안도현 시인이 쓴 「땅」은 『외롭고 높고 쓸쓸한』(문학동네, 2004)에서 찾아볼 수 있습니다. 청소년들이 읽기에 어렵지 않은 따뜻하고 생각 있는 시들이 여러 편 담긴 시집입니다.

기에 나팔꽃을 심고, 내 아들에게는 한 평도 안 물려주리'라고 시인은 말합니다. 시인의 마음도 똑같은가 봅니다. 땅을 물려준다는 것은 남과 출발선이 달라진다는 것을 뜻하잖아요. 그래서 텃밭을 가꾸더라도 재산을 물려주지 않겠다는 거죠. 재산을 물려주는 것은 사회 정의와 어긋날 수 있다는 내용을 담고 있습니다. 우리가 시인이 얘기하는 가치를 당장 내일 아침부터 100퍼센트 실천하지는 못하더라도 한 번쯤 고민해 볼 수는 있다고 생각해요.

유럽 사회는 상속세율이 높습니다. 재산이 많을수록 세금을 더 냅니다. 어머니, 아버지가 부자라고 해서 그 자식들이 부자가 되면 안 된다는 거죠. 자본주의 사회에서 재산은 당연히 개인 소유지만 죽은 후에는 아니라는 거예요. 사회에서 거둬 가는 겁니다. 그걸 가난한 집 자식들도 잘 살아갈 수 있도록 사회적 지원을 강화하는 데 씁니다. 자식은 부모와 독립된 인격체잖아요. 부모가 부자이든 가난뱅이든 상관없이 그 자식들은 새롭게 인생을 출발할 수 있어야 한다는 게 그 사회의 이상이에요. 제 생각에도 상속세를 많이 걷는 사회가 공정한 사회예요. 우리가 부모를 선택해서 태어날 수 있는 것도 아닌데, 어느 집에서 태어났느냐에 따라 삶의 조건이 너무 많이 달라진다면 불공평한 것이죠.

유럽 여러 나라에서는 대학 학비가 거의 공짜예요. 우리나라는 1,000만 원씩이나 하잖아요. 그래도 미국에 비하면 낫습니다. 거긴 사립대학이 4,500만 원 정도 해요. 요즘 언론에서 유럽도 대학 등록금을 받기 시작했다며 예로 드는 독일이 30만 원 정도 합니다. 우리나라와는 많이 다르지요. 프랑스, 스위스, 스웨덴은 공짜예요. 대신 졸업이 힘듭니다. 프랑스 대학은 100명이 입학하면 1년 후 40명이 탈락합니다. 학비 싸다고 공부 안 하면 안 되는 거죠. 우리는 안 그렇죠? 일단 들어가기가 어려워서 그렇지, 등록금만 꼬박꼬박 잘 내면 졸업하잖아요. 1년에 1,000만 원 가까이 내는 '고객'을 왜 자르겠어요. 다녀 주는 것만으로도 고맙지요. 이게 우리나라와 유럽 선진국의 차이입니다. 돈이 없어도 공부는 시작할 수 있어야 한다는 사회적 합의로 국가가 운영되는 거죠.

빌 게이츠가 자식에게 유산을 얼마 안 주는 거 알죠? 그래도 수십억 원 됩니다만, 요즘 생각 있는 부자들은 자식에게 유산을 다 안 줘요. 왜냐하면 자식한테 수십억쯤이야 인생에 도움이 되겠지만, 수천억 원 주는 것은 도움이 안 된다고 보는 거예요. 너무 돈이 많으면 정신적으로 행복하지 않다는 얘기예요. 정말 그럴 것 같지 않아요? 우리나라에도 유산 안 물려주기 운동을 하시는 분들이 있어요. 그분들 생각도 그렇습니다. 먹고살 정도로 주되 모든 걸 주지는 말자는 겁니다.

제가 가르치는 학생 중에 부모 재산만 믿고 노는 애들이 있어요. 가끔 말썽을 부리기도 하죠. 선생님들도 어쩔 땐 그러려니 합니다. 그러면 얘가 행복하지 않아요. 어려움을 이겨 내면서 친구도 생기는 거잖아요. 어려움을 겪을 때 함께 이겨 낸 친구가 오래가지, 내가 가진 돈을 보고 몰려오는 친구들은 상황이 어려워지면 언제든 떠나 버리죠. 그래서 돈이 있어도 외로운 사람들이 늘어 가는 겁니다. 부모 재산이 많아도 이걸 바라지 말아야 자기가 행복할 수가 있어요. 부모 재산만 믿다가는 좋은 친구도, 삶을 헤쳐 갈 의지도 사라집니다.

허생은 왜 돈을 버렸을까?
— 박지원 『허생전』, 『신데렐라』, 『백설공주』

이제 문학 작품과 관련해서 우리 삶을 돌아보겠습니다. 문학은 사람 사는 이야기이기에 결국 여러분의 일상과 관련됩니다. 문학 작품을 통해 지금의 자기를 돌아볼 수 있을 때, 진정으로 그 작품을 이해했다고 할 수 있습니다.

예를 들면 신데렐라 이야기를 통해 자기 인생을 한번 들여다보는 계기를 만들 수 있습니다. 『신데렐라』의 가치관이 뭐죠? 멋진 이성 앞에서 유리 구두를 흘리고 가라! 있는 놈 잘 잡으면 된다? (웃음) 비약해서 말씀드렸지만 실제로 그렇습니다. 내가 스스로 노력해서 인생을 돌파하는 게 아니라, 배우자 잘 만나서 행복해졌다는 내용이거든요. 지금도 현실 속에서 신데렐라를 꿈꾸는 사람들이 있잖아요. 맞선 볼 때 배우자와 부모의 재산을 따져 보는 것도 일종의 신데렐라 사고방식이라고 할 수 있지요.

하지만 현실에서 신데렐라처럼 되기란 매우 어렵습니다. 우선 '왕자'를 만나야 하기 때문이에요. 신데렐라를 꿈꾸는 사람들은 많지만 왕자는 얼마 안 됩니다. 신데렐라처럼 가난한 신분이라면 더욱 그렇습니다. 20대 80의 사회에서 부자들은 20퍼센트밖에 안 되잖아요. 어떻게 모두가 부자와 결혼할 수 있겠어요. 확률로 따져 봐도, 60퍼센트는 실패할 수밖에 없습니다.

더구나 위험부담도 따릅니다. 어떻게 해서 어렵사리 왕자를 만났다 해도 그가 어떤 사람인지 알 수 없기 때문입니다. 과연 왕자에게 내가 마지막 여자일 수 있을까, 인격이나 가치관은 정상일까를 따져 봐야 합니다. 대부분 왕자는 여자를 외모로 판단하잖아요. 신데렐라 이야기에서도 왕자는 신데렐라의 겉모습을 보고 판단했거든요. 이 이야기가 조금 더 건전해지려면 왕자가 신데렐라를 왕궁으로 불러 산책도 다니고 자전거 여행도 하면서 대화를 나눴어야 합니다. (웃음) 대화를 해 봐야 그 사람이 어떤 사람인지 알 수 있잖아요. 시간을 가져 보니아, 정말 괜찮은 여자구나. 얼굴만 예쁜 게 아니라 생각이 깊고 마음도 곱네. 나와 취향도 비슷하고……. 이래야 행복하게 오래 살 수 있잖아요. 그런데 동화 속에서든 현실 속에서든 그러지 못합니다.

신데렐라 하면 떠오르는 또 다른 공주가 있죠? 바로 백설공주입니다. 백설공주 이야기에서도 역시 왕자가 나오죠? 이번에도 왕자는 외모만 보고 공주를 데려갑니다. 그것도 독이 든 사과를 먹고 혼수상태에 빠진 사람을 말이에요. 현실이라면 그 왕자 정상 아니에요. 식물인간 상태로 계속 잠만 자는 여자를 데려다가 어쩌려고! (웃음) 이러한 작품들은 모두 남에게 기대서 신분을 상승시키려는 욕망을 드러내고 있습니다.

반면, 욕망을 버리라고 말하는 작품도 있습니다. 국어 교과서에 나오는 『허생전』이 대표적이지요. 소설 속에서 허생은 돈을 많이 법니다. 사재기 즉, 매점매석 행위를 통해 떼부자가 되잖아요. 이 많은 돈을 어디다 쓰죠? 도둑들한테 100냥씩 주고 먹고살 거랑 함께 살 여자를 한 명씩 데려오라고 하죠. 그리곤 그들을 데리고 무인도로 갑니다. 그런데 워낙 돈을 많이 벌었기 때문에 그러고도 남아요. 그래서 허생은 이 돈을 어떻게 하죠? 바다에 버립니다.

요즘 같으면 상상도 할 수 없는 일이죠. 돈을 버리다니. 차라리 은행에 넣어 두지, 하고 생각하는 사람들 많을 거예요. 우리는 이 대목에 주목해야 합니다. 『허생전』을 지은 박지원 선생의 정신세계를 보여 주는 거예요. 욕심을 버리라고 말하는 거죠. 돈이 어느 정도까지는 인생에 도움을 줍니다. 하지만 어느 순간부터는 행복과 관계가 없어져요. 저는 문학 작품을 통해서도 그러한 진리를 알 수 있다고 생각합니다.

좋은 돈, 나쁜 돈, 이상한 돈

이번엔 제 얘기를 한번 해 보겠습니다. 내 인생에 돈과 관련한 경험이 무엇이 있나 생각해 보니 다음과 같은 장면이 떠올랐습니다.

예전에 아버지와 어머니가 모래 장사를 했어요. 당시는 그다지 정의로운 사회가 아니라서 사업을 무난하게 하려면 검은돈을 갖다 줘야 했습니다. 그래서였는지 어렸을 때 아버지가 어디 어디 돈 갖다 준다는 얘기를 많이 들은 기억이 나요. 지역 경찰서는 항상 상납의 대상이었어요. 덤프트럭이 모래를 실어 나르는데 경찰서에 돈을 갖다 주지 않으면 차가 못 다녀요. 이런저런 이유로 단속의 대상이 되는 거죠. 그냥 딱지를 떼서 벌금을 매기고 보내 주면 좋은데 이 트집 저 트집 잡으면서 차를 길에다 붙잡아 두고 시간을 끌어요. 돈을 가져다주면 바로 차가 움직입니다.

그런데 고등학교 1학년 때 우리 반 단짝 친구 아버지가 바로 경찰관이었어요. 하루는 그 친구가 우리 집에 놀러 왔는데 어머니가 친구네 아버지는 무슨 일을 하니 하고 물어요. 그래서 경찰이라고 말씀드렸더니 어머니가 무심히 "도둑놈이군!" 하는 거예요. 저는 그 말에 상처를 받았습니다. 그래도 제 친구 아버진데 어떻게 그렇게 말할 수 있을까 하고 말이에요. 어머니도 경찰에 대해 안 좋은 기억이 많으니까 무심코 그런 말이 나왔겠죠.

다음 장면도 역시 돈과 관련되어 있습니다. 어느 날 아버지가 집에 와서 어머니와 이야기합니다. 누가 또 검은돈을 요구하기에 가서 줬대요. 그런데 하필이면 돈을 건네는 자리에 그 집 자식이 있었답니다. 그런데 나중에 그 사람이 뭐라고 하더래요. 애가 보는 데서 돈을 줬다고 말이죠. 애 교육상 안 좋다는 거예요. 그게 제가 초등학교 다닐 때였는데, 안 좋으면 받지를 말지, 받고서는 상대를 모욕하고 온갖 폼은 다 재는구나 하고 생각했어요. 어린 나이지만 분했죠. 이런 기억들은 제가 커서 교사가 되어서도 영향을 끼쳤습니다. 저는 돈 받아 본 적이 한 번도 없어요. '검은돈'은 주지도 받지도 말아야 한다는 생각이 늘 있었던 겁니다.

제가 교생 실습을 나간 학교 술자리에서 있었던 일입니다. 저랑 같이 실습 나온 선배가 동석한 선생님께 물었어요. "촌지 받아 보셨나요?" 그랬더니 대답이, 안 받아 봤답니다. 그 선생님은 그거 받는다고 부자 되는 거 아니라며, 지금 생각해도 무척 쿨하게 말씀하셨었어요. 저는 그런 태도가 굉장히 유쾌하다고 생각했어요. 보통은 안 된다, 옳지 않다, 라고 말할 텐데 그분은 그래 봐야 부자 못 된다는 식으로 받아넘기신 거예요.

돈과 관련된 기억이 또 있습니다. 제가 대학 4년 때였습니다. 저는 교사가 될 준비를 하는 사범대생이었는데, 정부 교육 정책에 대해 문제 제기하는 시위를 했지요. 요즘 촛불 시위 같은 거라고 보면 돼요. 그런데 돈이 필요했어요. 시위를 하면서 나눠 줄 유인물과 자료집을 만드는 데 돈이 많이 들어갔어요. 당시 서울과 인천에 있는 사범대학 생회에서 돈을 거둬서 비용을 충당했는데, 어느 날 돈이 모자랐어요. 어떻게 할까 고민하다가, 졸업한 선배들에게 전화했죠. 사정 이야기를 하니 대부분 돈을 부쳐 줬습니다. 당시 받은 돈이 5만 원씩이었는데, 그게 1996년도이니까 지금의 가치로 치면 15만 원쯤 되는 금액일 거예요. 교사 월급이 뻔해서 다들 살림이 그리 넉넉한 편도 아니었을 텐데 후배의 전화 한 통에 그 돈을 아무 조건 없이 보내 준 거예요. 그렇게 모인 돈으로 문제를 해결할 수 있었지요. 무척 따뜻한 기억이었어요. 저도 나중에 돈을 벌게 되면 그때의 선배들처럼 의미 있는 일에 선뜻 돈을 내줄 수 있는 사람이 되자고 다짐했죠.

자, 그럼 이제 제 이야기는 마무리하고 여러분과 함께 토론하는 시간을 갖겠습니다.

오늘 이야기 주제가 바로 '문학 작품 속의 돈'이었지요. 이와 관련해서 작품 몇 편을 예로 들어 돈과 권력의 관계, 차별과 사회 정의 등에 대해 이야기했습니다. 이제 각자 자기 삶과 관련지어 생각해 봅시다. 여러분에게 돈은 어떤 의미로 남아 있나요? 좋은 기억, 나쁜 기억, 이상한 기억으로 나눠서 얘기했으면 합니다. (조별 토론 후 발표 이어짐)

청소년 저희가 생각해 본 돈의 나쁜 점은 세 가지입니다. 첫 번째가 많은 사람이 돈을 위해 꿈을 포기한다는 것입니다. 대부분 자기가 하고 싶어서가 아니라 돈 때문에 직업을 선택하잖아요. 두 번째는 친구 사귈 때도 사람을 보는 게 아니라 돈을 본다는 거예요. 돈 많은 친구랑 친해지려고 하고, 돈 없고 가난한 애들이랑은 멀리하려고 하는 거죠. 세 번째는 무조건 비싼 게 좋다고 생각하는 거, 명품이라면 하나씩은 꼭 가져 보고 싶어하는 경향입니다. 옳지 않다고 생각해요. 값싸고 좋은 제품들도 많은데 유독 명품에만 주목하는 사람들을 이해할 수 없습니다.

반면에 돈으로 좋은 일은 하시는 분들을 기억합니다. 30년 동안 김밥을 팔아 모은 돈을 선뜻 장학금으로 내놓으신 할머니 이야기를 알고 있지 않습니까? 그리고 예전에 기름 유출 사고로 태안 지역이 피해를 입었을 때, 많은 분이 자원 봉사 활동을 했는데요. 그분들이 돈을 바라고 온 것도 아니고, 오히려 성금을 모아서 주기도 하잖아요.

그런 얘길 들으면 마음이 훈훈해집니다.

　돈과 관련해서 이상하게 느낀 경우가 하나 있습니다. 부자들이 명품을 산다고 사람들이 뭐라고 하잖아요? 그런데 그게 꼭 나쁜 일인가 하는 의문이 생기더라고요. 다들 갖고 싶어 하잖아요. 문제는 그럴 능력이 되지 않는 사람들이 분수에 맞지 않는 생활을 하는 거 아닐까요?

송승훈　그렇군요. 마지막 경우에 대해서는 잠깐 드릴 말씀이 있습니다. 우리가 보통 '명품'이라고 하는 게 사실은 값비싼 '사치품'이잖아요. 그런 측면에서 보면 돈 많은 사람이 비싼 물건 사는 게 뭐가 문제냐 하고 생각할 수도 있습니다. 저는, 그렇다고 해도 칭찬할 일은 아니라고 봐요. 왜냐하면 부자들의 사치가 나머지 사람들에게 상대적인 박탈감을 주기 때문입니다.

청소년　그건 명품을 갖지 못한 사람의 시기심 아닐까요?

송승훈　시기심이라기보다는 상처가 아닐까 싶어요. 어떤 상품이든 돈이 없으면 사고 싶어도 살 수가 없잖아요. 내가 살 수 없는 물건을 남이 사서 부러운 게 아니라, 나는 왜 못 사나 하고 마음이 상할 수 있다는 거죠. 사회 분위기가 소비를 권하는 쪽으로 가면 돈 없는 사람들이 자극을 받아요. 그래서 빠듯한 살림에도 무리해서 사치품을 사요. 카드빚 때문에 신용 불량자가 된 사람 중에는 소비 욕구를 조절하지 못한 경우가 많아요. 이렇게 돈 많은 사람의 사치가 사회 전체적으로 좋지 않은 영향을 주다 보니 이걸 곱게 보기 어렵습니다.

청소년   저희 모임에서는 '이상한 돈'과 관련하여 다음과 같은 이야기가 나왔습니다. 지하철 역에 보면 구걸하는 사람들이 있잖아요. 그런 사람들은 외면하면서 왜 구세군 같은 자선 단체에는 아낌없이 돈을 내줄까? 이상하다…….

그리고 또 이상한 건, 우리가 보기엔 돈이 충분한데도 악착같이 더 벌려는 사람들이 있거든요. 왜 그러는지 궁금해요.

그다음에 괜찮다고 생각한 풍경은 이래요. 버스나 택시를 탔는데 내릴 때 보니 차비가 없을 경우가 있잖아요. 그럴 때 그냥 됐다고 말씀하시는 기사 분들, 돈을 떠나서 상대방 입장을 생각해 주는 그 마음이 고마웠다는 것입니다.

송승훈   가진 사람은 더 가지려는 심리가 있습니다. 그동안 땅 투기로 많은 돈을 벌었는데 여전히 마음이 허한 사람이 있습니다. 계속 땅 투기를 해야 속이 시원한 사람인 거예요. 제 생각에 웬만해서는 만족감을 못 느끼기 때문이 아닌가 싶습니다. 또, 정신적 만족 대신 물질적 보상에만 집착하는 사람도 그럴 수 있습니다. 보통 한 20억쯤 있으면 평생 놀고먹고 잘살 수 있거든요. 그런데도 계속 투자할 궁리를 합니다. 돈 버는 재미로 사는 거죠.

부족하지 않은데도 만족이 되지 않는 상태, 이런 경우를 두고 불교에서는 '탐욕'이라고 해요. 처음엔 단돈 100만 원만 있어도 만족하던 사람이 나중엔 10억을 벌어도 공허해합니다. 사람이 돈을 벌어서 기쁜 건, 액수가 커서가 아니라 무언가 이뤄 냈다는 성취감, 혹은 보상 심리 때문이거든요. 하지만 이게 계속될수록 점점 무감각해지고 그러면 더 큰 자극이 필요해집니다. 어느 순간 돈의 노예가 되는 거죠. 돈에서 자유로워지려면 돈을 잘 써야 합니다. 돈을 좋은 곳에 쓰면서 보람을 느끼고 뿌듯함을 찾아야 해요. 덧붙여서, 땅 투기를 해서 버는 돈보다 열심히 일해서 번 돈이 더 가치 있는 일에 쓰일 확률이 높습니다.

기부를 한다든지, 아니면 노숙자들 밥을 챙겨 준다든지, 소년소녀 가장들 돕는다든지, 거리의 쓰레기를 치우거나 환경 운동을 한다든지 하는 의미 있는 일들은 결코 돈이 많아야 할 수 있는 일이 아닙니다. 가치 있는 일을 하시는 분들은 어떤 보상을 원하지 않아요. 그 행위 자체에서 삶의 보람을 느끼지요.

제가 만난 부자 한 분을 소개할게요. 건축가 이일훈 선생과 함께 포르투갈 건축가인 알바로 시자 전시회에 간 적이 있습니다. 평창동에 있는 갤러리였어요. 그런데 거기서 이 선생님이 어떤 노인한테 90도로 인사를 하는 거예요. 누구기에 저렇게 깍듯하게 인사를 할까 하는 생각에 유심히 봤죠. 그런데 제가 보기엔 영락없이 경비원인 거예요. 그래서 누구냐고 물었더니 이 선생님의 대학교 은사이자 이 전시관의 주인이라고 해요. 게다가 100억 대에 이르는 재산가라는 거예요. 많이 놀랐지요. 옷차림만 보면 정말 허름하거든요. 그때 그분이 돈보다 가치 있는 걸 가진 분이라는 걸 어렴풋이 느꼈습니다.

부자 중엔 돈이 아닌 소박한 것에서 기쁨을 찾는 분들이 꽤 있어요. 제 주변에도 있었습니다. 동네 놀이터에 앉아 계시는 할아버지였는데 그분이 하시는 일이 골목에서 쓰레기 줍고 애들하고 노는 거예요. 평범한 노인들처럼 말이죠. 그분은 그게 기뻐서 그런 거예요. 자기가 사는 곳을 청소하고 어린 아이들과 어울리면서 느끼는 순진무구한 즐거움 같은 게 있잖아요. 돈은 먹고살 만큼 적당히 벌고, 기쁘게 살아가고자 노력하는 삶이 더 행복하다는 사실은 의심할 여지가 없습니다. 그럼 다음 이야기를 들어 보겠습니다.

청소년 저희는 '좋은 돈'과 '나쁜 돈'에 대해서 얘기했습니다. 제 경험을 먼저 말씀드릴게요. 언젠가 한번은 차비가 떨어져 고민하고 있었는데, 사정을 알고 어떤 분이 선뜻 1,000원을 내준 기억이 있어요. 그분이 아니었으면 저는 그때 집에 돌아가지 못했을 거예요. 또 하나 좋은 기억은, 제 어머니와 관련한 겁니다. 어머니가 모임을 하나 하고 계신데요. 평소 봉사 활동과 무관한 일을 하는 모임이에요. 그런데 예전에 태풍 매미로 큰 피해를 입었을 때, 봉사 활동을 하시는 모습을 본 적이 있습니다. 그때 모임 하시던 분들이 성금을 모아서 전달도 하고 그랬는데, 그때 그 돈이 참 좋은 돈, 고마운 돈이라고 생각했어요.

나쁜 기억도 있습니다. 제가 다니던 학교에 선생님 한 분이 계셨는데, 이분이 빚보증을 잘못 서신 모양이에요. 학교로 검은 양복을 입은 사람들이 매일같이 찾아왔습니다. 학교에서도 무서우니까 뭐라고 못 하는 것 같았습니다. 그러다 결국 선생님이 퇴직하셨어요. 퇴직금으로 빚을 갚기 위해서였다고 하더라고요. 저는 그때 돈이야말로 사람을 불행하게 하는 안 좋은 것이구나 하는 생각이 들었습니다.

그다음은 돈이 주는 '선입견'에 대한 얘깁니다. 한번은 방송에서 가장 맛있는 커피를 뽑기 위해 눈을 가리고 맛을 테스트하는 장면이 나왔어요. 거기엔 스타벅스 같은 값비싼 유명 브랜드에서 인스턴트 커피, 자판기 커피 등 다양한 커피들이 있습니다. 결과는 뜻밖에 300원짜리 자판기 커피였어요. 모두 놀랐죠. 그래서 이번에는 상표를 본 상태에서 고르라고 했어요. 그랬더니, 스타벅스 커피가 가장 맛있다고 해요. 결과가 뒤집힌 거죠. 방송을 보면서 사람들이 맛이 아닌 가격과 브랜드에 집착하는 건 아닌가 하는 생각이 들었어요. 돈이 감각이나 느낌까지 좌지우지하게 된 거죠. 좋지 않다고 생각했어요.

송승훈 그렇군요. 아무래도 사람에겐 비싼 물건이 좋을 거라는 선입견이 있는 모양입니다. 좋은 물건을 만들어 제값 받는 건 의미 있는 일이지요. 지나치게 가격 경쟁을 하다 보면, 값은 싸질지 모르지만 물건의 질이 떨어질 수 있고, 장인 정신으로 일하는 사람이 실패하게 되니까요. 하지만 가격이 비싸면 질도 좋겠지 하는 기대 심리를 이용하는 기업의 판매 전략에 속아서도 안 됩니다.

한 사람의 비참함은 모두의 책임이다
— 김규항 『B급 좌파』와 황석영 「아우를 위하여」

청소년　예전에 김규항 씨 책을 읽었는데 거기서 이 세상에 가난한 사람이 존재한다면 돈을 가진 자는 모두 죄인이라는 식으로 얘기하셨어요. 하지만 세상엔 부당한 방법으로 돈을 버는 경우도 있지만 올바른 방식으로, 노력해서 돈을 버는 경우도 있잖아요. 자본주의 사회에서는 사유 재산을 인정하니까, 돈이 많다고 해서 그 자체를 뭐라고 할 수 없는 거 아닌가요?

그렇데 한편 생각해 보면, 현실적으로 기회의 평등이 존재하지 않잖아요. 가난한 사람은 계속 가난해지고, 부자는 계속 돈을 벌고. 이런 현실에서 아무리 자기가 노력해서 돈을 벌었다 하더라도 그게 정말 정당할 수 있는 건가, 자기 뜻은 아니지만 결과적으로 부정한 행위를 하게 되는 건 아닌가? 하는 생각도 들었습니다. 어떤 게 맞는 건지 궁금해요.

송승훈　좋은 책을 읽으니 좋은 고민을 하는군요. 어려운 문제입니다. 현실에선 기회가 균등하지 않다는 말이 가슴 아프네요. 사실, 기회균등은 제대로 실현하기가 무척 어렵지요. 저는 어렸을 때부터 달리기를 싫어했는데요. 다른 친구가 앞서 가면, 제가 열심히 달려도 자꾸 뒤로 가는 느낌이 들었어요. (웃음) 출발선은 똑같았지만 타고난 능력이 달라서 잘 달려 보려고 해도 안 되더라고요. 돈 버는 일이나 직장 생활도 비슷해요. 똑같이 노력해도 결과가 다르거든요.

좋은 사회가 되려면 일차적으로 기회를 균등하게 하려고 노력해야 해요. 하지만 완전한 기회균등이 어렵기에, 이차적으로는 결과의 차이도 어느 정도는 보완해야 해요. 그렇지 않으면 열심히 노력해도 잘 풀리지 않는 사람들이 상처를 받습니다.

그리고 실제로 누군가 부자가 되었을 때 그게 순전히 개인의 노력 덕분이라고 보기도 어렵습니다. 마찬가지로 가난 역시 개인 탓으로만 돌릴 수 없고요. 여러 상황이 얽혀 있지요. 책에서 가난한 사람이 있는 사회에서 부자는 죄인이 될 수 있다고 했지요. 그 말을 저는, 부자가 되기까지 여러 사회 상황이 영향을 미쳤기에, 자기만 생각해서는 안 된다는 말로 이해합니다. 부자가 죄인이 되지 않으려면 가난한 사람을 도와야 합니다. 자선 단체에 기부하거나, 사회를 개혁하려고 노력하거나 해야죠. 이건 논리적인 결과가 아니라 윤리적인 가치 판단의 문제이기도 해요.

황석영 씨 알죠? 『장길산』*이라는 대하소설을 쓴 유명한 작가죠. 얼마 전에는 자신의 고등학교 시절 이야기를 『개밥바라기별』**이라는 성장 소설로 써서 청소년들이 많이 읽었죠. 그분이 쓴 「아우를 위

---

*황석영, 『장길산 1-12』, 창비, 2004. 모험과 전투를 하며 세상을 뒤흔드는 영웅 이야기를 보고 싶으면 이 책을 펴기 바랍니다. 1974년부터 1984년까지 쓴, 조선 시대 후반 신분 차별에 저항하던 사람들을 다룬 긴 소설입니다. 판타지 소설에 빠져 본 남학생들에게 특히 권합니다.

**『개밥바라기별』, 문학동네, 2008. 지금은 어른이 된 사람들의 옛날 학교생활 이야기입니다. 그런데 일반적인 학생은 아니고 조금 특별하고 개성 있는 청소년이 나옵니다.

하여」라는 짧은 소설이 이번에 고등학교 교과서에 실렸습니다. 어떤 힘센 아이가 자기 마음대로 권력을 휘두르며 교실을 지배하는데, 담임 선생님은 무심해서 신경을 안 써요. 일부 아이들은 그 힘센 아이에게 빌붙어서 간신처럼 지내고, 부잣집 아이는 돈을 주면서 자기 마음에 들지 않는 친구를 혼내 달라고 요구하고 그러지요. 대다수 학생은 속으로 이게 아닌데 하면서도 무서워서 감히 저항하지 못해요. 그러다 어느 날 교생 선생님이 새롭게 부임합니다. 그런데 힘센 녀석이 그 교생 선생님에게 함부로 하려고 해요. 이걸 보고 아이들이 참다못해 들고 일어서서 그 체제를 무너뜨리는 내용이지요. 그런데 이야기 중에 동네에서 한 명의 거지가 얼어 죽었다면 그건 동네 사람 모두의 책임이라는 내용이 나와요. 형이 어린 시절을 회상하며 동생에게 띄운 편지에 적힌 구절입니다.***

저는 고등학교 2학년 때 읽었는데 인상 깊었어요. 왠지 멋있었어요. 맞는 말이기도 하고. 밤사이에 누가 얼어 죽었다는 말은 그 동네 모두가 거지한테 무심했다는 말이잖아요. 거지에게 잠잘 곳을 마련해 주기 어려우면 경찰에 신고라도 하든지, 119에 전화라도 하든지 했어야죠. 비참하고 가난한 사람이 있는 사회에서는, 잘사는 사람들이 가져야 할 책임이 있습니다.

네, 그럼 다음 모임의 발표를 들어 볼까요.

***「아우를 위하여」에 나오는 문장은 이렇습니다. "여럿이 윤리적인 무관심으로 해서 정의가 밟히는 일이 있어서는 안 될 거야. 걸인 한 사람이 이 겨울에 얼어 죽어도 그것은 우리의 탓이어야 한다."

돈의 이면을 볼 줄 아는 지혜

청소년   저희 반에는 축구팀이 있습니다. 실력이 꽤 좋아서 다른 반 팀이랑 내기하면 이길 때가 많습니다. 한번은 아이스크림 내기를 했는데 저희 팀이 이겼어요. 그래서 진 팀이 우리 반 친구들 모두에게 아이스크림을 사 줘야 했는데 돈이 부족했던 모양이에요. 예상보다 인원이 초과해서 어쩔 줄 몰라 할 때, 우리 반 축구팀 아이들이 돈을 조금씩 보탠 적이 있었어요. 그때 모아 준 돈이 비록 크지는 않았지만 참 좋은 돈이구나 하고 생각했습니다.

두 번째 경험은 이렇습니다. 제가 아는 언니한테 들은 이야기예요. 언니 친구가 한 기업에 스카우트되었는데, 연봉을 1억 2,000만 원 받기로 했대요. 어마어마한 돈이죠. 그때 그 언니 형편이 좋지 않았으니 무척 부러웠을 거예요. 지하 단칸방에 살았거든요. 거기까지는 괜찮았어요. 그런데 이듬해인가 그 친구가 언니를 찾아와서는, 연봉이 9,000만 원으로 깎였다며 하소연을 하더래요, 막 울면서. 자기는 전세방에 살고 있는데……. 그 얘기를 들으면서, 세상엔 돈의 가치가 형편에 따라 참 많이도 다르구나 하는 생각을 했습니다. 돈이란 참 이상한 거로구나 했던 기억이에요.

그리고 궁금한 게 하나 있습니다. 월급에서 세금을 떼잖아요. 보험료니 소득세니 하면서 얼마 되지도 않는 월급에서 수십만 원씩 **빼** 가는 데 왜 그러는 건지 궁금합니다.

송승훈　네, 돈이야말로 상대적인 거죠. 누구에겐 어마어마한 액수지만 누구에겐 껌 값일 수도 있는 거고요. 그래서 상대적인 박탈감이라는 게 있습니다. 세금은…… 잘 알겠지만, 국가에서 거두어 가는 돈이죠. 세금이 많은 게 좋은가요, 적은 게 좋은가요? 단순한 문제는 아니지만, 가난한 사람한테는 부자들에게 걷는 세금이 많을수록 좋습니다. 그래야 사회 복지에 쓸 돈을 마련할 수 있으니까요. 이 문제에 대해서는 여러분이 나중에 고민을 더 해 보는 게 좋아요.

지금까지 우리는 돈과 관련해서 각자의 삶에서 느낀 점을 이야기했습니다. 문학에 나타난 돈에서 시작해서 우리 삶과 돈이 어떤 관계에 있는지까지 살펴보았지요. 마지막으로 제 경험 하나를 말씀드리며 이야기를 마무리할까 해요.

제가 최근에 한 세차 업체를 알게 됐습니다. 인터넷으로 알게 된 곳인데, 자동차 의자를 뜯어서 깨끗이 세탁해 주는 곳이었어요. 일을 맡겼는데 나중에 보니 완전히 새 차가 되어 있더군요. 그래서 고마운 마음에 수고하셨다고 인사를 드렸습니다. 그랬더니 그분이 하는 말이 "내가 수고했나요? 돈이 좋은 거죠." 이러시는 거예요. 기분이 묘했습니다. 여러 가지 생각이 들더군요. 그저 돈이 시켜서 한 거라는 말처럼 느껴졌어요. 그분이 의도한 건 아니겠지만, 좋지 않은 표현이라고 생각했어요. 여러분은 일상에서 이런 사소한 것까지 생각해 볼 수 있었으면 좋겠어요.

돈이 많으면 편리합니다. 여러 가지 할 수 있는 것들이 많고요. 하지만 욕심이 선을 넘으려 할 때 지금까지 우리가 한 이야기들을 기억하길 바라요. 마음이 삐뚤어질 수가 있어요. 그러면 '나쁜 돈'을 만날 기회가 더 많아집니다. 우리 주변엔 '좋은 돈'들이 얼마든지 있는데 말이에요. 여러분이 돈의 이중성을 볼 수 있는 통찰력을 가진 사람이 되면 좋겠습니다.

그럼 이상으로 이야기를 마치겠습니다.